Matthias Metternich

Von dem Widerstand der Reibung

Matthias Metternich

Von dem Widerstand der Reibung

ISBN/EAN: 9783744609005

Hergestellt in Europa, USA, Kanada, Australien, Japan

Cover: Foto ©berggeist007 / pixelio.de

Weitere Bücher finden Sie auf **www.hansebooks.com**

Von dem
Widerstande
der
Reibung

eine

von der Fürstl. Jablonowskischen gelehrten Gesellschaft
zu Leipzig gekrönte

Preisschrift.

Aus dem Lateinischen übersetzt
und
mit einem Anhange
von der

Straffheit der Seile

vermehrt

von dem Verfasser

M. Metternich,

Doktor der Philosophie, und öffentlicher Lehrer der Mathematik und
Physik auf der Universität zu Mainz; Mitglied der Kurf. Mainzischen
Akademie nützlicher Wissenschaften zu Erfurt.

Frankfurt und Mainz
bei Varrentrapp und Wenner
1789.

Dem

Hochwürdigsten Erzbischoffe

und Herrn

H E R R N

Karl Theodor

erwählten Koadjutor

des Erzbistum Mainz, der Bistume Worms

und Kostanz

seinem gnädigsten Herrn

widmet

in tiefester Ehrfurcht

dieses Werk

der Verfasser.

Vorrede.

Dem Sachkundigen beweisen zu wollen, wie sehr es zu wünschen sei, daß endlich einmal das Gesetze vom Widerstande der sich reibenden Oberflächen ganz gekannt seyn möge, wäre eine überflüßige Arbeit gethan; und dem Nichtkundigen so was vorzureden ist aus andern, aber auch bekannten Ursachen, ein fruchtloses Geschäfte.

Wenn man die in gegenwärtiger Abhandlung angeführten Bemühungen berühmter Naturforscher auch nur flüchtig übersieht, so wird man wenigstens die Ueberzeugung erhalten, daß es bei deren vereinten Bemühungen nicht eben um gelehrte Grillenfängerei zu thun war.

Ob ich die, so langeher im Dunkeln gelegene Materie von der Friktion, durch Darstellung, Berechnung und Beurtheilung der bis jezt gekannten besten Versuche, so ins Helle gebracht habe, daß nichts mehr darinn zu thun übrig bleibe, ist wohl eben so wenig zu behaupten, als man auf keine Entdeckung eines Gesetzes natürlicher Erscheinungen das Siegel der Vollendung aufdrucken darf. Vielleicht erscheint über kurz oder lange ein anderer de Coulomb, der mit gleichem Scharfsinne die Natur aus ihrem Wirkungsgange beobachtet; und noch hier und da zu der jetzigen Coulombischen Regel nöthige Korrektionen entdekt. Aber zu rathen ist jedem solchen Nachfolger, daß seine Geräthe, womit er die Versuche anstellt, nicht zu sehr ins Kleine fallen; nicht einem Nolletischen recht niedlichen Tribometerchen gleichen.

Für das Bedürfnis derer, die sich irgend mit Anleg- und Beurtheilung eines Bewegewerkes abgeben, glaube ich die Sache des Reibens, und die Verhaltungsregeln dabei, hinlänglich angegeben zu haben; ich habe daher, um einigermaßen etwas Ganzes von dem Widerstande zu liefern, der sich bei unsern Maschinen, außer den zu bewegenden Massen, einfin-

det, die Abhandlung von der Straffheit der Seile beigefügt;
sie war in der aufgegebenen Preisfrage nicht mit begriffen.

Es könnte nun freilich seyn, daß Leuten, deren Beschäfti-
gung eigens das Maschinenwesen ist, diese Abhandlung wegen
den paar Blättern Kunstsprache unverständlich, und folglich
unbrauchbar wäre; das wäre nun in jedem Betrachte schlimm;
fast noch schlimmer, als wenn es Leute giebt, die sich zu Rech-
nungsverständigen aufwerfen, und wissen gleichwohl nicht einmal mit Brüchen zu rechnen. Ich muß gestehen, daß, obschon ich hier statt des lateinischen Originalausdruckes einen
deutschen gebe, es mir doch unmöglich war, diese Kunstsprache
in eine, für derlei Männer verständliche Sprache zu übersetzen.
Aber für diese Männer giebt es auch Rath, und der ist kurz
dieser: Wer nicht einmal so ein paar Worte Natursprache
lesen kann, der sollte sich dem Geschäfte, den Naturgesetzen
bei Anlegung der Maschinen zum Nutzen der Menschen vor-
theilhafte Richtungen zu geben, nicht unterziehen, oder frei-
willig in die Schule gehen, um der gewiß erfolgenden, nur
gewöhnlich mit etwas Prostitution begleiteten Verweisung zur
Schule, auszuweichen. Man reicht mit etwas Kenntnissen
von Statik (man heißt dieses mathematische Kapitel gewöhnlich
Mechanik, es ist aber ein unrichtiger Volksausdruck) bei
dem Geschäfte noch lange nicht aus; man muß Viel höherer
Mechanik wissen, um von den Wirkungen einer Maschine ein
richtiges Urtheil fällen zu können. Wenn diese Foderung zu
übertrieben zu seyn scheint, so bitte ich um deswillen nicht mich,
sondern die Natur zu beschuldigen, die nicht eben ihre Gesetze,
jedem Anfänger, noch weniger dem zeigt, der nur an der
Oberfläche gemächlich stehen bleibt.

Mainz im März, 1789.

§. I.

Die Fürstlich-Jablonowskische Societät der Wissenschaften zu Leipzig gab fürs Jahr 1787. folgende Preisfrage, aus dem Fache der Mathematik zur Beantwortung auf: „Eine „deutliche Auseinandersetzung der wichtigsten entscheidenden „Versuche, die Friktion der Körper, und worauf man dabei zu „sehen, betreffend, für anfangende und fortdauernde Bewegung, „mit Beibringung der Gründe für, oder wider die Behauptung: „Die Größe der reibenden Unterflächen komme dabei gar nicht „in Betrachtung; und im bejahenden Falle mit bestimmter „Anzeige, unter was für Umständen man darauf Rüksicht „zu nehmen habe, und wie groß ihr Einfluß auf das Reiben „sey.‟

Daß die vorgelegte Frage aus Versuchen müsse beantwortet werden, behaupte ich aus folgenden Gründen: 1) gehört sie, der Hauptsache nach, in die Naturlehre; und man weiß, wie selten es da angeht, die Gesetze der Erscheinungen aus der bloßen Vernunft erklären zu wollen, wie selten sogar sich in dieser Wissenschaft analogische Schlüsse anbringen lassen. 2) Sprechen auch schon vorhandene Versuche gegen solche Schlüsse, die man in Ansehung der Friktion bei der wirklichen Bewegung machte. Denn man sollte doch wohl glauben, daß, (auf allen Stellen, die die bewegten Flächen durchstreichen, gleiche Rauheiten angenommen,) bei doppelter Geschwindigkeit, auch doppelter Widerstand müsse empfunden werden; allein das ist nun nicht so. Eben so irrig waren die Schlüsse in Ansehung der Größe der sich reibenden Unterflächen. Bis zu Anfange dieses Jahrhunderts war's nämlich eine allgemeine Behauptung, daß sich die Größe der Friktion, alles übrige gleich gesezt, verhalte, wie die Größe der sich reibenden Flächen.

A 4

Amonton widerlegte durch Verfuche (a) diefe Meinung; doch auch feinem fcharfen Beobachtungsgeifte entgiengen einige Umftånde, die feine abgeleitete Regel: die Friktion verhalte fich wie die druckende Laft, etwas unrichtig machen. Verfuche, die erft unten angefuhrt werden, geben die Verbefferungen (correctiones) zu der Amontonifchen Regel.

Der Verfaffer diefer Abhandlung hat feine eigene Verfuche angeftellt; theils traut er fich feinen fchårfern Beobachtungs= geift zu, als Mufchenbròck, Ximenes, und vorzüglich de Coulomb in ihren Verfuchen bewiefen haben; theils fchien ihm die vorgelegte Frage diefes fo genau micht zu fobern. Man weiß ohnehin, wie viele Zeit, und welcher gute Apparat von Inftrumenten erfobert werden, wenn man Verfuche an= ftellen will, die uns die Naturgefetze enthüllen follen.

§. II.

Die Verfuche des Herrn de Coulomb finden fich in Tom. X. der Memoires de Mathematique et Phyfique prefen- tées à l'Academie royale des Sciences à Paris par divers Sza- vans fehr umftåndlich befchrieben; die des Hrn. Ximenes in Theoria e Pratica delle refiftenze dé folidi né loro attritti, II. Bånde, (b) und Mufchenbròcks Verfuche befinden fich in feiner befannten Introductio ad philof. naturalem.

(a) Amonton machte die Verfuche in Gegenwart der fòniglichen Gefellfchaft der Wiffenfchaften zu Paris; er überzeugte dadurch, daß die Friktion fich allein nach der Gròße des Druckes richte, den die, fich reibenden Flåchen leiden. Die Abhandlung fteht in Hiftoire de l'Academie royale des Sciences pour l'an. 1699. de la Hire fand bei Wiederholung diefer Verfuche die Sache beftåttigt; hiervon giebt er in der nåmlichen Hiftoire fürs Jahr 1700. Nachricht.

(b) Diefe zwo Schriften entftanden bei Gelegenheit einer, von der fönigl. Gefellfchaft zu Paris aufgegebenen Preisfrage fürs Jahr 1779, welche dann wieder fürs Jahr 1781. mit Ausfetzung des doppelten Preifes (2000 Liv.) erneuert wurde. de Coulomb,

Die Verſuche dieſer drei wichtigen Beobachter ſtimmen in der Hauptſache ſo gut überein, als man es erwarten kann; nur die des Hrn. de Coulomb ſcheinen an philoſophiſchem Scharfſinne, und im Zwecke, alle vorkommende Umſtände bei der Friktion durch Verſuche ins Klare zu bringen, merkliche Vorzüge zu haben.

Man muß bei allen Verſuchen vorausſetzen, daß die ſich reibenden Flächen den möglichſten Grad der Politur vorher erhalten haben; denn ohne dieſes ſind die Reſultate unbrauchbar; indem die Grade der Rauheit nicht eben genau können angegeben werden. Aber auch bei dieſer Vorausſetzung läßt ſich nicht erwarten, ein allgemeines Geſetz, wornach ſich der Widerſtand des Reibens bei allen Arten Körper verhalte, auszufinden; denn 1) ſind die Körper im Gewebe ſo gleichartig nicht, als wir ſie annehmen; ſelbſt der eine und nämliche iſt's nicht an allen Stellen. 2) So, wie durch fortgeſeztes Reiben die Flächen eine größere Abglättung anzunehmen ſcheinen, auch wirklich annehmen, ſo werden doch auch bei eben dieſer Arbeit neue Vertiefungen geöfnet, neue Haar- oder Borſtenähnliche Splitter losgeriſſen, und alles das wird eben ſo geſezmäßig nicht zugehen. Doch begreift man, daß die Unterſchiede dieſer Vorgänge nicht eben gar groß ſeyn, und daher ins Verhältniß der Friktion, beſonders bei großen Laſten, keinen merklichen Einfluß haben können.

Capitaine en premier au Corps royal de genie erhielt dieſen Preis; ſeine Abhandlung nimmt im erwähnten Bande 168 Seiten gr. 8. ein, und iſt voll der lehrreichſten Verſuche über Friktion und Straffheit der Seile. Die des Hrn. Abbate Ximenes verdient eben ſo geleſen zu werden. Delanges, ebenfalls ein Italiäner, gab bei dieſer Gelegenheit Experienze intorno alla reſiſtenza dello Sfregamento heraus, welche aber dem Werthe der obigen nicht beikömmt.

§. III.

Ehe ich die entscheidenden Versuche des Hrn. Coulomb anführe, scheint es mir sachdienlich zu seyn, vorher eine kurze Beschreibung des von ihm gebrauchten Tribometers (Reibe= messers) zu geben. Auf einem unbeweglichen Tische ließ er Schlitten hinrutschen, deren Unterflächen durch angebrachte La= mellen nach Willkür vergrößert und verkleinert wurden.' Diese Lamellen wurden bald von verschiedenen Holzgattungen, bald von solchen Metallen angenommen, und auf eben die Art wurde die Oberfläche des Tisches mit solchen abgeänderten Lamellen belegt, wie es die Absicht des Versuchs jedesmal foderte; die Lasten, welche die Schlitten bei ihrer Bewegung, oder Ruhe trugen, wurden auch bei verschiedenen Versuchen verschieden angenommen. An einem Ende des Tisches war eine Rolle be= festigt, über welche, in horizontaler Höhe über dem Tische, die mit jener des Schwerpunktes des Schlittens beiläufig gleich kam, ein Strick gelegt ward, der am einen Ende des Schlittens befestigt war, am andern aber eine Schale trug, in die nach Erfoderniß Gewichte gelegt wurden, bis die Bewegung des Schlittens erfolgte.

Die Geschwindigkeit des bewegten Schlittens wurde aus der, auf dem Tische angebrachten gleichen Raum=Eintheilung, und durch Hilfe eines Pendels, welches Schwingungen in hal= ben Sekunden machte, beobachtet. Gewöhnlich wurden die Gewichte in der Schale so lange vermehrt, bis die Bewegung des Schlittens ununterbrochen fortgieng; auch oft wurde der Schlitten durch einen kleinen Stoß oder Druck, also durch eine, außer den Gewichten in der Schale neu hinzugekommene Kraft, um die Bewegung anfangend zu machen, getrieben. Weitere Nachrichten findet man in dem angeführten Werke. Das hier Gesagte ist genug, um die folgenden noch anzuführenden Ver= suche zu verstehen.

§. IV.

Aus den Verſuchen des de Coulomb ergiebt ſich, daß
die Gröſſe der ſich reibenden Flächen, beſonders wenn ſie von
Holze, und nicht geſchmiert ſind, einen unverkennbaren Einfluß,
während der Bewegung, in den Widerſtand des Reibens habe;
bei Metallflächen aber iſt dieſer Einfluß kaum merklich. Bei
angewandten Schmiermitteln erſcheint dieſer Einfluß wieder
ſehr merklich. Unterſchiede des Widerſtandes findet man wieder,
wenn alles übrige gleich geſezt, die Bewegung nach vorherge=
gangener Ruhe anfängt; und zwar hat die Zunahme des Wider=
ſtandes mit der zunehmenden Zeit der Ruhe einiges Verhältniß,
bis dieſer Widerſtand ein Gröſſtes wird.

Wenn Eichenholz auf Eichenholze ungeſchmiert gerieben
ward; ſo war nach einer Minute Ruhe, der gröſſte Widerſtand
ſchon da; die Ausdehnung der Flächen betrug 3 Quadratfuß,
und es verhielt ſich der Widerſtand nach der Ruhe von einer
Sekunde, zu dem nach einer Minute, wie $1:2$.

In den folgenden Unterſuchungen heiße die Laſt, die die
Flächen an einander drükt, P; der Widerſtand des Reibens F;
bei dem obigen Verſuche war, nach vorhergegangener Ruhe,
bis F ein Gröſſtes wurde, $P:F=2$, $2:1$; in der Folge heiße
$P:F=\psi$.

Waren die obigen Flächen zur möglichſt kleinſten Ausdeh=
nung gebracht, ſo hatte die Zeit der Ruhe auf die Gröſſe des F
keinen Einfluß, und $\psi=2$, $4:1$. Auch zeigten die Verſuche,
daß, wenn keine Ruhe vor der Bewegung vorhergieng, (in dem
Augenblicke nämlich, wie die Laſt auf den Schlitten gelegt wur=
de, wurde das Gewicht in der Schale zugleich eingelegt, wel=
ches die Bewegung hervorbrachte) gröſſere Flächen, alles übrige
ſonſt gleichgeſezt, ein kleineres F gaben, als kleinere Flächen
unter dieſen Umſtänden. Ferner brauchte es unter ſonſt gleichen
Umſtänden, bei kleinern P längere Ruhe, bis zum gröſſten F,
als bei gröſſern P.

Rieben sich Flächen, wovon die eine Eichen; die andere Tannenholz war, und man ließ die nöthige Ruhe bis zum größten F vorhergehen, so erhielt man $\psi = 1, 5:1$; aber unter eben diesen Umständen Tannen; auf Tannenholze gerieben, gab $\psi = 1, 7:1$, bei Rüstern; auf Rüsternholz war $\psi = 1, 18:1$.

Wenn die hölzernen Flächen quer, d. i. nach sich kreuzenden Fasern übereinanderhin schleiften, und ihre Berührung 48 Quadratzolle betrug, so war F nach einigen Sekunden schon ein Größtes; durchgängig aber $\psi = 3, 7:1$.

Wenn sich Holz auf Metall rieb, und 45 Quadratzoll Berührung hatte, so brauchte es ungleich längere Zeit bis zum größten F; gewöhnlich mehrere Tage; und dann verhielt sich F ohne vorhergegangene Ruhe, zu F wenn's ein Größtes war $= 1:2$, und beim größten F war $\psi = 5:1$; und dieses Verhältnis kann man als eine allgemeine Regel bei allen Gattungen von Hölzern und Metallen ansehen.

Beim Ueberherschleifen des Eisens auf Eisen gab vorhergangene Ruhe keine unterschiedene F, eben so verhielt sich's bei Eisen auf Kupfer. Bei erstern ergab sich, wenn P klein, etwa nur 40 Pfund war, durchgängig $\psi = 3, 4:1$; bei großen P, die jedoch nicht über 450 Pfund seyn durften, daß die Abschabung des Eisens nicht zu sehr erfolgte, und die Versuche ganz unsicher machte, war $\psi = 4:1$.

Bei Eisen auf Kupfer, die Flächen möglichst klein angenommen (anstatt der sonst gewöhnlichen Belegung des Schlittens wurden vier kupferne Nägel, mit kugelförmigen Köpfen angebracht, und der Tisch mit Lamellen von Eisen belegt) war $\psi = 6:1$.

Die geschmierten Flächen mußten überhaupt längere Zeit in der Ruhe seyn, bis F ein Größtes wurde; und so, wie die zähern Schmiermittel überhaupt weniger Vortheil geben, als die flüßigern, so gaben auch die Flächen, zwischen welchen erstere angebracht waren, erst nach längerer Ruhezeit das größte F, als wenn flüßigere Schmiere zwischen ihnen waren. Zu dieser Bestätigung wurden folgende Versuche angestellt.

Die Flächen waren Eichenholz, ihre Berührung 180 Quadrat= zolle; das angebrachte Schmier reiner Talg; P = 47 Pfund; und F nach 1″ Ruhe: F nach 2 Stunden Ruhe = 2 : 3.

Bei einem andern Versuche war P = 1650 Pfund, und da war bei den hier angesezten Zeiten das F beobachtet, wie folgt:

In einem Versuche, wobei P = 3250 Pfund wurde bei den vorigen Zeiten das F auch nach der Weise beobachtet; wie hier folgt:

Bei 0 Zeit betrug F	64 lb.		112 lb.
3″ — —	160 -	— —	320 -
1′ — —	280 -	— —	413 -
2 Stunden —	452 -	— —	920 -
6 Tage —	622 -	— —	1554 -

Sind auch hier die Flächen möglichst klein, so ist das größte F schon nach 1′ da. Bei gebrauchter sehr flüßiger Theer, waren die Erscheinungen nach der Ruhezeit bis zum größten F so, wie oben, wo kein Schmier gebraucht war, ward aber diese Theer zäher, so wurde F, unter sonst einerlei Umständen, größer.

Nach einer achttägigen Arbeit in diesen Versuchen, in wel= cher Zeit absichtlich der Talg nicht war erneuert worden, hatte dieser von seiner Schlüpfrigkeit viel verloren. In diesem Zu= stande wurden folgende Versuche mit eichenen Flächen, deren Berührung 4½ Quadratfuß war, angestellt.

Wenn P = 2310, so war Zeit — F =	lb.	Bei P = 5810 u. den nämlichen Zeiten F =	lb.
0 — —	187	— —	502 -
2′ — —	392	— —	790 -
1 Stunde —	451	— —	1186 -
16 Stunden —	514	— —	1535 -

Merkwürdig ist es, daß das größte F erst nach so langer Zeit erfolgte, da doch die Flächenberührung, vorzüglich im zweiten Versuche so klein in Vergleichung mit der druckenden Last ist.

Kupfer auf Eisen mit reinem Talge geschmiert, gab nach 4 oder höchstens 6 Minuten Ruhe schon das größte F, und dieses ist beiläufig das Gesetze bei allen Gattungen so geschmierter Metallflächen. Bei kleinen P verhielt sich F ohne vorhergegangene Ruhe zu F, wenn es ein Größtes war, wie 6 zu 7, bei großen P, wie 25:26. Bei kleinern P war $\psi = 8, 34:1$, bei großen P aber $\psi = 10, 7:1$, auch oft $= 11:1$. Wurden die Metallflächen mit Oele geschmiert, so brauchte es einer kaum merklichen Zeit der Ruhe, bis F ein Größtes wurde.

So gewiß auch die obigen Versuche die Data zu Rechnungsformeln geben, die das Gesetze des Widerstandes in den erwähnten Fällen, und in deren Stuffen bis zum größten F darstellen könnten; so wenig glaube ich, daß es sich der Mühe verlohne, sie aufzusuchen. Wollte man aber ja rechnen, so müßten, da sich die F offenbar nicht wie die Zeiten verhalten, Potenzen dieser Zeiten, mit etwa noch zugesezten unveränderlichen Größen gesucht werden, die der Sache genug thun würden. Mir scheint's, als wenn es bei unsern Maschinen ungemein schwer, vielleicht ganz und gar unausführbar sei, die Kraft der anfangenden und fortgesezten Bewegung anpassend einzurichten. Die anfangende Bewegung fodert entweder einen Zusatz an Kraft, der dann in der erfolgten und fortgesezten Bewegung unnöthig wird, oder eine Verminderung der Last, die nachher wieder zugesezt werden kann; beides, vorzüglich das erste, wird leicht durch besondere Menschenhilfe, oder wenn Wasser und Wind die bewegenden Kräfte sind, durch deren stärkern Stoß auf ruhende Körper, ersezt.

Wie aber, und ob die Größe der reibenden Flächen in der wirklichen Bewegung in das Verhältniß der Friktion Einfluß habe, ist doch wohl der Hauptgesichtspunkt der vorgelegten Frage, so, wie unsere Maschinen diese Auflösung am meisten zu fodern scheinen. Für diese Absicht, vorzüglich aber, wie sich's mit dem Widerstande bei beschleunigter Bewegung verhalte, werden folgende Versuche angeführt, und von mir eigens berechnet.

§. V.

Der Raum, den der verschiedentlich belaſtete Schlitten je=
desmal auf dem Tiſche durchlief, war 4 Fuße; und dabey ward
nun beobachtet 1) bei welchem Gewichte in der Schale die Be=
wegung angieng. Gewöhnlich wurde der Schlitten durch einen
kleinen Stoß in die erſte Bewegung geſezt, und zugeſehen, ob
das Gewicht in der Schale ihn in der Bewegung unterhalte.
2) Wurde das Gewicht in der Schale vermehrt, und beobach=
tet, in wie viel Zeit die zwei erſten Fuße, und in wie viel Zeit
die zwei lezten durchlaufen wurden; auch hier wurde immer
durch ſchwache Schläge mit einem Hammer die Bewegung an=
fangend gemacht. Es heiſe, wie vorhin, der Schlitten, mit der
Laſt auf ihm, P; das Gewicht in der Schale p; die zwey erſten
Füße ß, die zwey lezten γ, die Zeit wird in halben Sekunden
angegeben.

I. Verſuch. Die ſich reibenden Flächen waren Eichenholz, mög=
lichſt gut geglättet; die Berührung 3 Quadratfuße, ohne
Schmiere.

P = 74 ℔; 1) wenn man p = 12 ℔ nahm, ſo bewegte ſich
zwar der Schlitten, aber ſtand auch zuweilen ſtille (s'arre-
toit). 2) p = 14 ℔ durchlief er ß in $\frac{7}{4}''$ und γ in $\frac{4}{4}''$.

II. P = 874 ℔; 1) wenn p = 94 ℔, ſo ß in $\frac{28}{4}''$, und γ in $\frac{19}{4}''$
2) p = 106 ℔ gab ß in $\frac{6}{4}''$; und γ in $\frac{3}{4}''$.

III. P = 2474 ℔; und p = 250 ℔ genommen, brachte einen
ſehr unſtäten Gang hervor, 2) aber p = 270 gab ß in $\frac{8}{4}''$ und
γ in $\frac{4}{4}''$.

Die nämlichen Flächen wurden verkleinert, daß die Berüh=
rung nur 36 Quadratzolle betrug, und ſo verhielt ſich dieſer
Ausdehnung zu jener ihrer, wie 12 zu 1.

IV. P = 47 ℔; bey p = 5 ℔ gab es eine ſehr langſame und
zwar ſtäte Bewegung, aber nicht znm Merken beſchleunigt;
2) war p = 9 ℔, ſo hatte man ß in $\frac{7}{4}''$; γ in $\frac{4}{4}''$.

V. P = 447 ℔; unſtät erfolgte die Bewegung von p = 45 ℔
und wurde erſt bei p = 50 lb. ſtäte. 2) p = 54 lb. gab ß in
$\frac{7}{4}''$; γ in $\frac{4}{4}''$.

VI. P $=$ 1647 lb. 1) p $=$ 166 gab β in $\frac{1}{4}''$; γ in $\frac{1}{4}''$

        2) p $=$ 172 — β in $\frac{2}{4}''$; γ in $\frac{3}{4}''$

Die Flächen wurden möglichſt klein gemacht, indem die Lamellen an den Schlitten keilförmig zugiengen, nur an der Schärfe etwas abgerunet, ſonſt blieb alles.

VII. P $=$ 47 lb; 1) p $=$ 5,5; β $\frac{1}{4}''$; γ $\frac{6}{4}''$. 2) p $=$ 6, 5, β $\frac{2}{4}''$; γ $\frac{2}{4}''$

VIII. P $=$ 447 lb.; p $=$ 36 lb gab eine unſtäte Bewegung; aber p $=$ 41 lb. erfolgte β in $\frac{2}{4}''$; γ in $\frac{3}{4}''$.

IX. P $=$ 847 lb., und p $=$ 60 verurſachte eine unſtäte Bewegung; aber p $=$ 68 lb. gab β in $\frac{2}{4}''$; γ in $\frac{2}{4}''$.

Man ſieht, daß in dieſen Verſuchen das Geſetz der beſchleunigten Bewegung ſo ziemlich beobachtet wurde, und mehr, als beinahes Zutreffen wird man wegen dem in (§. II, a) Geſagten, nicht erwarten.

In den nun folgenden Verſuchen blieb alles, wie oben, nur wurden die Lamellen quer an den Schlitten geheftet, daß ſich in der Bewegung die Faßern kreuzten. Die Berührung war 36 Quadratzolle.

X.   P $=$ 47; p $=$ 5; β in $\frac{2}{4}''$; γ in $\frac{2}{4}''$

XI. P $=$ 147 — 15 — $\frac{2}{4}''$ — $\frac{5}{4}''$

XII. P $=$ 447 — 51 — $\frac{6}{4}''$ — $\frac{4}{4}''$

XIII. P $=$ 847 — 97 — $\frac{2}{4}''$ — $\frac{3}{4}''$

Die Lamellen blieben noch quer, nur ihre Unterflächen wurden möglichſt klein gemacht.

XIV. P $=$ 47;   p $=$ 5; β $\frac{2}{4}''$; γ $\frac{1}{4}''$

XV. P $=$ 447 $\begin{cases} 1) \, p = 48; β \, \frac{21}{2}'', \, γ \, \frac{10}{2}'' \\ 2) \, p = 58 — \frac{1}{2}'' — \frac{2}{2}'' \end{cases}$

XVI. P $=$ 1647 $\begin{cases} 1) \, p = 160; β \, \frac{20}{2}''; β \, \frac{14}{2}'' \\ 2) \, p = 172 — \frac{8}{2}'' — \frac{5}{2}'' \end{cases}$

Verſuche mit Eichen- und Tannenflächen. Die folgenden p ſind ſo angenommen, daß ſie die Bewegung des Schlitten im langſamen, doch ſtäten Gange erhielten. Es verſteht ſich alſo hier, daß dieſe p den Schlitten nicht aus der Ruhe in Bewegung ſetzten, ſondern nur ſo genommen wurden, daß entweder keine Ruhe vorhergieng, oder der Schlitten durch einen Stoß

ſchon

schon in Bewegung war. Jedes verstärkte p brachte Beschleu=
nigung in der Bewegung hervor, die der Verstärkung zukam.
Die Flächen waren, wie oben ungeschmiert; und ihre Berüh=
rung 48 Quadratzolle.

a) $P = 47$; $p = 7,5$; folglich $\psi = 6,27..: 1$
b) $P = 447$; $p = 72$ — — $\psi = 6,20 : 1$
c) $P = 847$; $p = 130$ — — $\psi = 6,50..:1$,

Aehnliche Versuche gaben bei Tannenflächen $\psi = 6:1$ bei
Rüster= auf Rüsterflächen $\psi = 10: 1$

Wenn sich Holz auf Metallen rieb, auch die Flächen nicht
geschmiert waren, so wurden die Beobachtungen so gemacht,
daß man bemerkte, wie viele Zeit der Schlitten bei verschiede=
nen p brauche, um sich durch einen Raum von einem Fuße
gleichförmig zu bewegen.

Zuerst folgen die Resultate der Versuche, wobei sich Eisen
und Eichenholz übereinanderher bewegten. Die Berührung war
45 Quadratzolle.

A) P=53 lb.	1) p = 4,5 lb. die Bewegung gleichförmig durch 1 Fuß in Zeit von 264″			
	2) p = 6,5 — — — $\frac{6}{2}$″			
	3) p = 9 — — — $\frac{1}{4}$″			
B) P = 453	1) p=35 — — — 264″			
	2) p=44 — — — $\frac{24}{2}$″			
	3) p=53 — — — $1\frac{1}{2}$″			
	4) p=65 — — — $\frac{1}{4}$″			
	5) p=78 — — — $\frac{2}{4}$″			
C) P = 853	1) p=80 — — — $\frac{80}{2}$″			
	2) p=105 — — — $\frac{20}{2}$″			
	3) p=130 — — — $\frac{1}{2}$″			
	4) p=155 — — — $\frac{1}{4}$″			
D) P = 1653	1) p=135 — — — $\frac{2640}{2}$″			
	2) p=160 — — — $14\frac{6}{8}$″			
	3) p=185 — — — $\frac{44}{4}$″			
	4) p=210 — — — $\frac{18}{2}$″			
	5) p=235 — — — $\frac{1}{4}$″			
	6) p=260 — — — $\frac{2}{4}$″			

B

Die Lamellen am Schlitten waren noch von Eichenholze, aber keilförmig an der Unterfläche zugehend, und quer am Schlitten angebracht, und so schleiften sie auf gut policirten Eisenblechen; sonst alles wie oben.

$$
E)\ P = 1653
\begin{cases}
1)\ p = 115 & — & — & — & 9\tfrac{1}{2}\,2'' \\
2)\ p = 135 & — & — & — & 4\,4\,0'' \\
3)\ p = 160 & — & — & — & 2\,6\,0'' \\
4)\ p = 185 & — & — & — & 9\,6'' \\
5)\ p = 210 & — & — & — & 10'' \\
6)\ p = 235 & — & — & — & 1'' \\
7)\ p = 260 & — & — & — & \tfrac{1}{2}''
\end{cases}
$$

Kupferbleche wurden statt der eisernen genommen, sonst alles wie oben in A, B, C, D, d. i. Berührung 45 Zolle.

$$
F)\ P = 50
\begin{cases}
1)\ p = 2,5 & — & — & — & 5\tfrac{1}{2}\,6'' \\
2)\ p = 3,5 & — & — & — & 1\,7\,6'' \\
3)\ p = 4,5 & — & — & — & 9\,6'' \\
4)\ p = 6,5 & — & — & — & \tfrac{1}{2}'' \\
5)\ p = 9,5 & — & — & — & \tfrac{2}{3}''
\end{cases}
$$

$$
G)\ P = 450
\begin{cases}
1)\ p = 23 & — & — & — & 2880'' \\
2)\ p = 28 & — & — & — & 7\,3\,0'' \\
3)\ p = 33 & — & — & — & 400'' \\
4)\ p = 43 & — & — & — & 80'' \\
5)\ p = 53 & — & — & — & 16'' \\
6)\ p = 65 & — & — & — & \tfrac{1}{2}'' \\
7)\ p = 78 & — & — & — & \tfrac{1}{6}''
\end{cases}
$$

$$
H)\ P = 850
\begin{cases}
1)\ p = 67 & — & — & — & 3\tfrac{1}{2}\,0'' \\
2)\ p = 80 & — & — & — & 1\,2\,8'' \\
3)\ p = 105 & — & — & — & 24'' \\
4)\ p = 130 & — & — & — & \tfrac{2}{3}' \\
5)\ p = 155 & — & — & — & \tfrac{1}{6}''
\end{cases}
$$

Obschon der Nutzen des Schmierens bei den Reibungen entschieden ist, wie das aus dem Folgenden noch erhellen wird, und man daher die Maschinen ungeschmiert nicht lassen wird, so will ich dennoch Berechnungen über die bisherigen Versuche anstellen, woraus sich ergeben wird, ob, und wie die Geschwindigkeit in die Friktion, oder umgekehrt die Friktion in die Ge-

ſchwindigkeit Einfluß habe; auch wie die Größe der ſich reiben=
den Flächen in die Größe des F einwirke.

§. VI.

Nach Herrn Käſtners höherer Mechanik III. Abſchn.
§. 81—84 iſt unläugbar, daß ſich aus den obigen Verſuchen
die Friktion nach der daſelbſt gegebenen Formel φ = p—f.
(p + P) hier ſo berechnen laſſe. φ iſt eben das bisher gebrauchte
F, welches eigentlich in der Rechnung geſucht wird. p iſt das
Gewicht in der Schale; eigentlich die bewegende Kraft; P die
drückende Laſt, wozu ich jedesmal ⅞ lb. addire, wegen dem Mo=
ment der Trägheit der Rolle, über welche der Strick gieng, der
p trug; die Rolle hatte nämlich 1 Fuß im Durchmeſſer, und

wog 14 lb. f = $\frac{x}{(125. t)^2}$ und x muß in Tauſendtheilen des
rheinländiſchen Fußes, t aber in Sekunden gegeben ſeyn. de
Coulomb bediente ſich des Pariſer Fußes; ſein ganzer Raum
war 4 Fuße. Es verhält ſich aber der Pariſer Fuß zu dem rhein=
ländiſchen = 1,035 : 1 ; daher das obige x = 4 × 1000 ×

1,035; und die Logarithmen gebraucht giebt log $\frac{x}{125^2}$
= 0,4231803 — 1 = log α.

Ich will nur die Rechnung von zweyen Verſuchen hier an=
führen, die Reſultate der andern Verſuche aber, wie ſie durch
eben ſolche Rechnungen herauskommen, in einer Tabelle dar=
ſtellen.

Im I. Verſuche war P = 74; p = 14; t = 6″ und P +
p + ⅞ = 89,75 folglich

$$\log α = 0,4231803 — 1$$
$$\log t^2 = \log 36 = 1,5563025$$
$$\overline{\log α — \log t^2 = \log f = 0,8668778 — 3}$$
$$\log 89,75 = 1,9530345$$
$$\overline{\log f (p + P) = 0,8199123 — 1}$$

gehört zu der Zahl 0,6605; daher iſt hier φ = 13,3395; und ψ
= 5,54.

B 2

II. Verſuch, ıte Bemerkung $P = 874$; $p = 94$; $p + P + \frac{7}{4} = 969,75$; $t = \frac{47}{2}''$

$$\log \alpha = 0,4231803 - 1$$
$$\log \left(\tfrac{47}{2}\right)^2 = 2,7420758$$
$$\overline{\log \alpha - \log t^2 = \log f = 0,6811145 - 4}$$
$$\log 969,75 = 2,9886704$$
$$\overline{\log f (p + P) = 0,6697849 - 1}$$

gehört zu 0,4675; daher $\varphi = 93,5325$; $\psi = 9,34 : 1$

II. Verſuch, 2te Bemerkung. P wie oben; $p = 106$; $p + P + \frac{7}{4} = 981,75$; $t = \frac{6}{2}''$

$$\log \alpha = 0,4231803 - 1$$
$$\log \left(\tfrac{9}{2}\right)^2 = 1,3124250$$
$$\overline{\log \alpha - \log t^2 = 0,1107553 - 2}$$
$$\log 981,75 = 2,9920009$$
$$\overline{\log f . (p + P) = 1,1027562};$$ gehört zu 12,67 alſo

iſt $\varphi = 93,33$; $\psi = 9,36 : 1$

Die folgende Tabelle ſtellt alles unter einen Blick. Die Abtheilung in t wird verſtanden, daß der erſte Theil die Zahl der halben Sekunden angiebt, die der Schlitten zum Durchlaufen der erſten zwey Fuße, der andere Theil die Zahl ſolcher Sekunden, die er zu den zwey letzten Fußen brauchte.

Zahl der Verſuche		P	p	t	f.(P+p)	φ	ψ
I	1	74	12	unſtäter	Gang		
	2	—	14	7+5	0,7213	13,2787	5,57 : 1
II	1	874	94	28+19	0,4645	93,5355	9,34 : 1
	2	—	106	6+3	12,64	93,36	10,50 : 1
III	1	2474	250	unſtäter	Gang		
	2	—	270	8+5	17,21	252,79	9,78 : 1
IV	1	47	5	unſtäter	Gang		
	2	—	9	3+1	3,71	5,45	8,88 : 1
V	1	447	45	unſtäter	Gang		
	2	—	54	6+3	6,465	47,535	9,40 : 1
VI	1	1647	166	11+5	7,505	158,487	10,39 : 1
	2	—	172	9+4	11,42	160,58	10,25 : 1
VII	1	47	4,5	15+6	0,1303	4,3697	10,75 : 1
	2	—	6,5	3+2	2,300	4,300	11,16 : 1

Zahl der Versuche	P	p	t	f(P+p)	φ	ψ
VIII {1	447	36	unstäter Gang			
{2	—	41	8+3	4,289	36,711	12,17:1
IX {1	847	60	unstäter Gang			
{2	—	68	8+2	9,716	58,284	14,53:1
X	47	5	8+4	0,3836	4,6164	10,21:1
XI	147	15	9+5	0,9272	14,078	10,44:1
XII	447	51	6+4	5,297	45,703	9,78:1
XIII	847	97	7+3	10,23	86,77	9,76:1
XIV	47	5	9+5	0,2926	4,7094	9,81:1
XV {1	447	48	21+10	0,5478	47,4522	9,42:1
{2	—	58	5+2	10,96	47,04	9,50:1
XVI {1	1647	160	20+14	1,658	158,342	10,40:1
{2	—	172	8+5	11,42	160,58	10,25:1

§. VII.

Daß die bekannten Fette, Oele und flüßigen Harze als
Schmiermittel bei den sich reibenden Flächen mit Vortheile, zu
Verminderung der Friktion, angewandt werden, ist Erfahrung;
und die Ursache in dem schwachen Zusammenhange dieser Dinge,
und in ihrem Eindringen in die Pore der Flächen zu suchen;
aber sie leisten auch, vorzüglich bei Metallflächen, noch einen
andern beträchtlichen Dienst dadurch, daß sie wegen ihrem zä=
hen Kleber die äußere Luft ausschließen, und daher das Ent=
zünden, welches oft bei stark geriebenen Metallen statt hat,
verhindern. Auf der andern Seite giebt aber auch die Erfah=
rung, daß durch den langen Gebrauch die Natur dieser Schmier=
mittel sehr verändert werde, ihre Leichtflüßigkeit verlieren, und
einen zähen, unflüßigen Schleim zurücke lassen, der dann der
Bewegung wieder nachtheilig wird. Es versteht sich demnach,
daß, wenn man den gehörigen Vortheil vom Schmieren haben
will, man die Flächen zu mehrmalen von diesem alten Unrathe
reinigen, und die Schmiere erneuern müsse.

Die Versuche, die mit geschmierten Flächen angestellt wur=
den, haben auch gezeigt, daß sich bei frisch geschmierten Flächen
viele Unregelmäßigkeit einfinde, die sich aber bald beim Ge=

brauche allmälig verliere. Auch hat die Größe der Berührung
in diesen Fällen Einfluß in die Größe des Reibewiderstandes.

§. VIII.

Nur noch Resultate aus den Versuchen des Hrn. de Coulomb will ich anführen; denn es würde des Abschreibens zu
viel werden, die Versuche einzeln hieher zu setzen.

Eichene Flächen, deren Berührung 180 Quadratzolle war,
(also 1 Quadratfuß, 36 Quadratzolle) gaben bei verschiedenen
P gar verschiedene ψ; wobei zu merken ist, daß bei jedem andern Versuche der Talg erneuert ward. So war bei einem
$P=3250$ das $p=118$, und die Bewegung so langsam, daß sie
kaum zu bemerken war; war $P=50$, so wurde zur nämlichen
Bewegung ein $p=6,5$ erfodert; folglich war im ersten Falle
$\psi=27,6:1$; und im zweiten $=7,7:1$. Die zwischen den obigen P genommenen mittlern P gaben, obschon nicht in gleichem
Verhältnisse, doch auch stufenmäßige ψ. Soll nun in allen diesen Fällen die eigentliche Friktion einerlei seyn (und wer kann
das läugnen, da die Umstände, so viel es möglich war, einerlei
dabei blieben) d. i. soll $50:6,5=3250:118$ seyn, so muß für
die absolute Anklebung des Schmieres 5 lb. in jedem Falle gerechnet werden, diese 5 lb. von dem jedesmaligen p abgezogen,
geben das eigentliche F. Und wirklich, wenn dieser Abzug bei
jedem Versuche gemacht wird, so geben sie beinahe alle ein gleiches ψ, und zwar $\psi=28,6:1$. Dieses absolute Ankleben,
welches sich nicht wie die drückende Last, sondern wie die Fläche
verhält, war es, welches Amonton, Muschenbroeck und
noch verschiedene andere nicht mit in Rechnung brachten; daher
sie alle die Friktion zu groß annahmen, weil auch ihre P zu
klein waren; daher auch konnten de la Hire und Muschenbroeck die vorgekommenen Anomalien nicht erklären, die sich,
nach ihrem eigenen Geständnisse, bei ihren Versuchen einfanden.

- Auch gaben vergrößerte p zwar geschwindere, aber keine beschleunigte Bewegung; dieses ist ein neuer Beweis für die
obige Meinung; denn wenn ja in der nämlichen Zeit eine größere

Fläche durchlaufen wird, so wird wohl auch dieses Kleben sich größer äußern; d. h. dieses Kleben vermindert die Bewegung im nämlichen Verhältnisse, als sie das fallende p würde beschleunigt haben.

Würden die obigen Flächen mit Theer geschmiert, so war das Aufleben noch stärker. Sollen auch hier wieder die Versuche so berichtigt werden, daß man die Kraft des Auflebens von der des Reibens unterscheiden könne; so müssen wieder die Versuche zu dieser Absicht vorbereitet werden. Wenn die P sehr verschieden waren, so daß sie sich wie 1 zu 9 verhielten, so erhielt man doch, wenn während der Bewegung, p um 6 lb. vermehrt wurde, von diesen, um gleichviel vermehrten p keine beschleunigte, nur geschwindere Bewegung. War P$=$50 lb., so mußte p$=$16 lb. seyn, um den Schlitten in 4″ durch einen Fuß zu treiben, war P$=$250; so mußte p$=$26 seyn, und P$=$450 erfodert p$=$34; um in allen diesen Fällen die obige Geschwindigkeit zu haben. Diese Versuche geben für den ersten Fall $\psi=3,12:1$; für den zweiten $\psi=9,61:1$ und für den dritten $\psi=13,23:1$; soll nun der erste und zweite Fall auch $\psi=13,23:1$; oder besser soll in allen drei Fällen ψ einerlei seyn, so muß man auf die obige Flächen 13,5 lb. für das Aufleben rechnen; das übrige ist das F unabhängig vom Kleben, und dann wird $\psi=20:1$ in allen Fällen.

Diese Betrachtungen führen endlich zu dem Schlusse, daß man bei Holzflächen, die mit reinem, erneuertem Talge geschmiert, und deren Bewegung in 1″ durch einen Fuß geht, 7 lb. Kraft für die Ueberwindung des Klebens auf jeden Quadratfuß; bei gebrauchter Theer aber beinahe 14 lb. rechnen müsse; folglich der vorhandene Widerstand aus einem unveränderlichen, und einem veränderlichen Theile, welcher lezte sich nämlich wie das jedesmalige P verhält, bestehe. Daß diese Folgerung ihre völlige Gewißheit habe, beweisen die Versuche, bei denen möglichst kleinste Flächen gebraucht wurden. Dergleichen in §. V. daselbst der VII. u. f. Versuche sind. Hier halfen nämlich Schmiermittel wenig; denn die scharfzugehenden

Flächen trieben das Schmier zur Seite; und doch blieb der Tisch noch etwas schmierig. Die in den Versuchen zu dieser Absicht gebrauchten P waren sehr verschieden, so, daß sich die kleinsten zu den größten wie $1 : 33$ verhielten, und doch war in allen Versuchen ψ einerlei, und zwar $= 16,5 : 1$; auch hier gaben vermehrte p Beschleunigung, die der Vermehrung entsprach; und folglich verminderte hier kein Ankleben die Bewegung.

§. IX.

Wenn Metallflächen auf Holze schleiften, mit darzwischen angebrachten Schmieren, so zeigte es sich, daß es hier mehr, als bei Holzflächen nöthig war, das Schmier oft zu erneuern. Die Ursache mag wohl darinn liegen, daß die Metalle durch den sauern Bestandtheil des Fettes aufgelöst werden, theils Theilchen, die durchs Reiben abgeschabt werden, in das Fett absetzen, woraus dann nothwendig ein Gemische von Metall, Kalk und Fett entsteht, welches nun die vorige Schlüpferigkeit nicht mehr hat. Der Widerstand, der sich zeigte, wenn ein, mit 1650 lb. beladener Schlitten zum Drittenmale, ohne erneuertes Schmier auf dem Tische bewegte, war beim Drittenmale fast dreimal größer, als jener, beim Erstenmale, wo das Schmier neu angebracht war. Zulezt wurden die alten Schmiere gar nachtheilig, d. i. der Widerstand wurde größer, als er ohne Schmier nicht war.

Die Versuche mit Flächen von Eisen und Eichenholze, deren Berührung 45 Q. Z. betrug, fielen zwar etwas unregelmäßig aus, doch ließ sich soviel daraus bemerken, daß hier die Schmiere mehr, als in andern Fällen den Widerstand des Reibens vermindern. So war $\psi = 27 : 1$ auch $= 29 : 1$, Wenn P $= 450$, oder $= 850$ lb. war; bei einem P $= 1650$ war, $\psi = 35 : 1$. Wurde das Schmier durch den Gebrauch verdorben, so war $\psi = 13 : 1$; und von diesem Unrathe gereinigt war $\psi = 16 : 1$ anzunehmen.

Ist die Berührung sehr klein, so hat das Schmieren und die Flächen wenig, oder keinen Einfluß in das Verhältnis der Friktion; denn unter diesen Umständen gaben die verschiedensten

P beinahe einerlei ψ. Versuche mit Eichenflächen auf Eisen, wo erstere keilförmig zugehend, und queer am Schlitten angebracht waren, gaben bei verschiedenen P beinahe einerlei ψ und zwar $= 14,5 : 1$; die Eisenbleche waren bei vorhergegangenen Versuchen geschmierter gebraucht worden; man rieb zwar sorgfältig das Fett von ihnen ab, allein es war zu sehr in die Pore gedrungen, und sie blieben daher immer noch ein wenig vom Fette schlüpferig. Diese Art Bewegung ist der ähnlich, wenn sich Rollen, deren Achsenlöcher mit Eisen belegt sind, um hölzerne c), auch geschmierte Achsen drehen.

§. X.

Wenn beide sich reibende Flächen von Eisen waren, so war, bei einer Berührung von 45 Quadratzollen durchgängig das $\psi = 3,5 : 1$ so verschieden auch die P waren; nur durfte man die Last nicht über 450 lb. nehmen, weil bei noch größern Lasten eine allzugroße Abreibung erfolgte, die die Versuche unsicher machte.

Bei Kupfer auf Eisen gaben eben so verschiedene P, und verschiedene Geschwindigkeit einerlei ψ und zwar $= 4,1 : 1$. Klar genug, daß bei diesen Umständen weder die Größe der Berührung, noch die Geschwindigkeit in das Verhältnis der Friktion einen Einfluß habe.

Hierauf nun folgen Versuche, worinn die Metallflächen geschmiert sind. Zuerst Eisen auf Eisen, die Flächen möglichst geglättet, die Berührung war 45 Q. Z.; das gebrauchte Schmier reiner Talg, der bei jedem Versuche erneuert wurde. Die Versuche gaben bei Eisen auf Eisen $\psi = 10 : 1$; bei Eisen auf Kupfer

---

c) Unser Verfasser sowohl, als Ximenes, haben aus den Versuchen mit Rollen gefunden, daß die Achsen von jungem grünem Eichenholze nicht nur sehr dauerhaft seien, sondern auch wirklich geringere Friktion geben, als wenn die Achse Eisen, und die Belegung des Achsenloches Kupfer sei; welche Flächen doch sonst die vortheilhaftesten in Rücksicht der verminderten Friktion sind.

$\psi = 11:1$. Wurde im lezten Falle Olivenöl statt des Talges genommen, so war $\psi = 8$; bei großen P sogar $\psi = 7$. Bekannt ist es, daß dieses Oel das Kupfer sehr auflöse, daher mag wohl dieser merkliche Unterschied kommen. Ueberhaupt zeigten aber die Versuche dieser Art, daß auch kleinere Lasten einen größern Widerstand im Verhältnisse geben; wie auch, daß die beschleunigte Geschwindigkeit bei vermehrten p nicht erfolgte, wie sie sollte; und folglich auch hier das Ankleben des Talges für sich einen Widerstand gebe. So viel sich durch Rechnung herausbringen läßt, kann man annehmen, daß auf den Quadratfuß 10 bis 12 lb., bei Kupfer auf Eisen etwa 6 lb. für diesen Widerstand des Klebens müssen gerechnet werden; dieses aber nur bei langsamen Bewegungen, bei geschwindern ist dieser Widerstand nicht so beträchtlich.

Wurde die Berührung möglichst klein gemacht, so war bei Kupfer auf Eisen fast durchgängig (die P auch sehr verschieden genommen) $\psi = 8:1$; so daß auch hier das Schmier wenig Einfluß hatte. Doch sieht man, daß bei diesem Falle die Friktion etwas geringer sei, als sie es bei diesen Flächen, wenn kein Schmiermittel dazwischen kam, nicht war. Bei aufgeschmiertem Oele war wieder $\psi = 7:1$. Und weil auch bei vermehrten p die Geschwindigkeit, wie sie diesen Vermehrungen zusam, erfolgte, so ist wohl klar, daß bei den kleinsten Berührungen dieser Art das Kleben des Schmieres für nichts zu achten sei.

§. XI.

So sehr auch die Versuche in der geradlinigten Bewegung, vorzüglich wenn die Flächen sehr klein sind, als entscheidend für die Bewegung um Achsen können angesehen werden, so stellte doch Coulomb für diese lezte Bewegung eigene Versuche an. Er bediente sich Rollen von verschiedenem Durchmesser; und die Achsen derselben, die aber doch gewöhnlich an den Rollen fest waren, wurden von verschiedenem Stoffe genommen. Zuerst wurde durch sinnreiche Versuche der Widerstand erforscht, welcher von der Straffheit der, bei den Versuchen nöthigen

Seile entsteht, und welcher allzeit mit jenem des Reibens ver-
bunden sich zeigt, und man will doch leztern hier alleine wissen.

Ein Seil über die Rolle gelegt, trug zu beiden Seiten
gleiche Gewichte; auf einer Seite wurde ein Gewicht $= p$ zuge-
legt, welches zureichte, eine rollende Bewegung hervorzubringen.
Das p, welches im ersten Falle nur so groß war, daß es die
Bewegung nur sehr langsam angehend machte, wurde beim
zweitenmale so vermehrt, daß eine größere Geschwindigkeit nun
erfolgte; wobei die Zeit bemerkt wurde, die die Ueberwucht zum
Durchlaufen der drei ersten und der drei lezten Fuße brauchte
(der ganze Raum war nämlich 6 abgetheilte Fuße). Von diesem p das abgezogen, was auf die Straffheit der Seile kömmt,
bleibt π. Aber dieses π ist nur die relative Kraft, die den Widerstand des Reibens am Ende des Halbmessers der Rolle über-
windet; und verhält sich zur absoluten Kraft für den gedachten
Widerstand, wie der Halbmesser der Achse zum Halbmesser
der Rolle.

Zuerst wurden Achsen von Eisen, und die Belegung der
Centralöfnung der Rolle, die sich so um die feste Achse drehte,
war Kupfer, ohne Schmier, zu den Versuchen genommen.
Das absolute π, welches die Bewegung nur langsam angehend
machte, gab bei den verschiedensten Lasten doch immer das nämliche ψ. Bei der zum zweitenmale wiederholten Arbeit, wo
nämlich die Ueberwucht vermehrt wurde, um beschleunigte Bewegung zu erhalten, wurde das absolute π, nach der gewöhnlichen Methode berechnet, und gefunden, daß es von dem, zu
Hervorbringung der angehenden Bewegung gebrauchten, um
ein sehr geringes verschieden war. Die Versuche zeigten aber
auch für sich schon, daß die Friktion in allen Geschwindigkeiten
wie eine beständige Größe, widerstehe, weil die vermehrte Ueberwucht die Beschleunigung hervorbrachte, wie sie von einer
relativen Schwere hervorgebracht werden mußte. Man kann
also annehmen, daß bei dieser Bewegung weder die Fläche
(diese ist begreiflich sehr klein), noch die Geschwindigkeit in das
Verhältnis der Friktion einwirke. Es war aber $\psi = 6 : 1$ auch

6,3 : 1, wie es von dem absoluten π berechnet, wurde; man kann also auch das obige ψ ein absolutes nennen. Ist nun der Halb=messer der Rolle nur mäßig länger, als der der Achse, so wird die Kraft, zur Ueberwindung der Friktion schon sehr geringe zu seyn brauchen. Es sey z. B. der Halbmesser der Achse $= 1$, der Rolle ihrer $= 8,3$, und der Druck auf die Achse $= 1000$ lb; so ist die erfoderliche absolute Kraft für Friktion $= \dfrac{1000}{6}$ lb.; aber die relative $= \dfrac{1000}{6 . 8,3} = 20,08..$ Dieses kann bei den Rädern un=sers Fuhrwesens angewandt werden; denn auch bei ihnen ist auf einer Horizontalebene nur die relative Friktion der Last zu über=winden. Auch läßt sich die Sache so nehmen: Der Halbmesser der Achse werde kleiner, der des Rades oder der Rolle aber be=halte seine vorige Größe, so wird sich doch das ψ im Verhält=nisse vermindern, als sich die obige Aenderung giebt; und die=ses bei geschmierten Achsen um so mehr, weil hierdurch auch die Geschwindigkeit der sich reibenden Flächen vermindert wird. Daher räth auch Defaguliers in seinem Course of experi=ment. Philof. Part. I. die Achsen bei Rädern und Rollen dünne zu machen, und, daß dieses ohne Nachtheil der Dauer der Ma=schine geschehe, sie desto länger zu machen. Hierdurch kann oft ein Vortheil für die, die Friktion überwindende Kraft er=halten werden der sich bis auf die Hälfte erstreft.

§. XII.

Aus den Versuchen, wo die obigen Achsen geschmiert wurden, ergab es sich, daß reiner Talg das beste Schmier=mittel sei.

Es blieb alles, wie oben, nur die Achse mit Talge ge=schmiert, und so wurde aus den ersten Versuchen (bei denen nämlich eine sehr langsame Bewegung durch ein p hervorge=bracht wurde) das ψ aus der Erfahrung unmittelbar, aus den zweitern aber (wo das vermehrte p eine Beschleunigung hervor=brachte) durch Rechnung aus der beobachteten Geschwindigkeit das ♀ gesucht; in beiden fand man das absolute ♀ einerlei, und zwar $=11,5:1$. Wurde Theer statt des Talges aufgeschmiert, und nach der obigen Weise beobachtet und gerechnet, so war hier ♀$=8,2:1$, Oel zum Schmieren genommen, gab das ♀ wie bei angewandter Theer. Bei nicht erneuertem Schmiere wurde endlich dieses ♀$=7:1$.

So sehr auch die Versuche mit den Schlitten, worin Flächen von eben dem Stoffe, wie die obigen, gebraucht wurden, diesen ähnlich, und hier gleiche Resultate zu gewärtigen sind, so geben doch beide Arten der Versuche nicht gleiche Verhältnisse; in den ersten nämlich wurde die Friktion stärker gefunden. Den Grund dieses Unterschiedes anzugeben, dünkt mir, sei nicht schwer. Hier geschieht die Reibung so, daß sich die nämliche Ober- und Unterflächen fast beständig berühren, da oben mit jedem Fortgange ein anderes Stück Unterfläche zur Reibung komme. Die Bewegung um Achsen ist daher dem Glätten derselben sowohl, als auch dem Niederbeugen der Fasern günstiger, als die geradlinigte Bewegung; doch werde ich in der Folge noch mehr Gründe angeben, aus denen sich die Erscheinung zur Genüge wird erklären lassen.

Nun folgen noch einige Versuche mit Rollen und Achsen, beide aus verschiedenem Holze. Die Achse von grünem Eichen-, die Rolle von Quaiakenholze genommen, und mit reinem Talge geschmiert gab ♀$=26:1$; wenn aber das Schmier genau abgetroknet wurde; so war ♀$=17:1$.

Die Achse wie oben, die Rolle Rüsternholz, und wie oben geschmiert, gab ♀$=33:1$, und beim weggenommenen Schmiere ♀$=20:1$.

Die Achse aus Buxbaum, die Rolle Quaiakenholz geschmiert ♀$=23:1$, das Schmier weggewischt ♀$=14:1$.

Bei einer Achse von Buxbaum, die Rolle von Rüsternholze geschmiert, ward ♀$=29:1$, und das Schmier weggewischt ♀$=20:1$.

Man sieht hieraus, daß das Rüsternholz, so wie es in der Dauer die meisten andern übertrift, auch in Ansehung der Friktion zu empfehlen ist.

Wenn sich um eine eiserne Achse eine Rolle von Quaiakens holz drehte, so war, bei ungeschmierten Flächen, und einer sehr langsamen Bewegung $\psi = 20:1$; aber wenn die Geschwindigkeit so groß war, daß es in 5″ durch 6 Fuße gieng, so konnte ψ nicht anders als $= 12:1$ genommen werden. Diese Zunahme der Friktion bei zunehmender Geschwindigkeit hatte vorzüglich bei neuen Rollen statt.

In den Versuchen mit Schlitten, und möglichst kleiner Fläche war $\psi = 11:1$; auch dort gab zunehmende Geschwindigkeit vermehrte Friktion; diese Flächen bei Schlitten geschmiert, und sie in ähnliche Lage, wie hier gebracht (die keilförmigen Holzlamellen, so am Schlitten angebracht, daß ihre Fasern und die Richtung der Bewegung sich kreuzten) gaben dann ein für jede Geschwindigkeit beständiges $\psi = 17:1$; beständig war nach weggenommenem Schmiere noch ψ, nur nicht mehr so groß, wie oben, sondern $= 14:1$.

§. XIII.

Um aus den bisher angeführten Versuchen Schlüsse von der Natur der Friktion in allen den erzählten Umständen ziehen zu können, wo nämlich Ruhe, Geschwindigkeit und Flächen sich ändern, ist es nöthig, die Sache unter engere Gesichtspunkte zu bringen. Ich will daher die Sachen in den folgenden Absätzen, so viel möglich, ganz umfassend aufstellen.

a) Eichene Flächen gaben nach vorhergegangener Ruhe, bis F ein Größtes ward, bei den verschiedensten P doch einerlei ψ und zwar $= 2,4:1$. Die Ausdehnung der Flächen schien hier keinen Einfluß auf die Größe des F zu haben, weil möglichst kleine Flächen das nämliche ψ gaben, nur war bei ihnen das größte F sogleich da, da im ersten Falle wenigstens einige Minuten erfordert wurden, dahin zu kommen. Dieses alles fand statt bei Tannen= und Rüsterholzflächen, nur daß ψ anders war. Auch beim Quergange der Holzflächen waren die Umstände so, nur da war $\psi = 3,7:1$.

b) Aber wenn die Schlitten nicht so lange in Ruhe gelassen wurden, bis die Friktion zum Größten sam, sondern die Versuche in der Absicht angestellt wurden, um das Verhältniß in der wirklichen Bewegung zu erkennen, wie dieses die in §. VI. berechneten Fälle zeigen, so war die Sache anders. Hier gaben kleinere P größere F, und umgekehrt. Wurden aber die Flächen möglich klein genommen, so verschwand dieser Unterschied wieder. Beim Quergange der Flächen gab sich, obwohl kaum merklich, fast das Gegentheil von dem obigen Unterschiede.

c) Waren die Flächen Holz und Metall; z. B. Eichenholz auf Eisen, so mußte längere Ruhe, bis zum größten F vorhergehen, gewöhnlich 4 bis 5 Tage; und dann, wenn die P unter 100 ℔. waren, ergab sich, $\psi = 5, 3 : 1$; und wenn P $= 1000$ lb. so war $\psi = 4, 8 : 1$.

d) War hier der Gang, wie in (b), so konnte man bei einem sehr langsamen Gang $\psi = 12 : 1$. annehmen; vermehrte man p, d. i. die bewegende Kraft; so erhielt man zwar vermehrte, aber keine beschleunigte Geschwindigkeit; folglich wuchs die Friktion mit der Geschwindigkeit, nur wuchsen beide nicht nach einerlei Gesetze; gewöhnlich wuchs der Widerstand des Reibens nach einer arithmetischen Progression, wenn die Geschwindigkeit nach einer geometrischen zunahm.

e) Metallflächen erhielten sogleich, ohne daß eine merkliche Ruhe vorhergehen mußte, ihr größtes F; wobei $\psi = 3, 5 : 1$ war. Waren die Flächen möglichst klein (der Schlitten ruhte nämlich auf 4 Nägeln mit sphärischen Köpfen), so war $\psi = 6 : 1$.

De Coulomb meint, der Unterschied käme von der unvollkommnen Politur her, die an den Flächen in den erstern Versuchen noch wäre; die aber bei den letztern durch den Gebrauch sehr verbessert werde; diese Meinung bestätigt er durch Beobachtungen aus den Versuchen; indem die obigen kleinsten Flächen (die 4 Nägelsköpfe) zu Anfange $\psi = 5 : 1$ gaben; und erst nach einigem Gebrauche das obige Verhält-

niß hervorkam. Ich stelle mir die Sache so vor: Man weiß,
daß die Metallflächen beim Reiben einen Metallstaub absetzen, der auf das Gefühl wie Fett in Rüksicht der Schlüpfrigkeit wirkt. Diesen Staub loszureißen, fodert's ohnfehl-
bar Kraft; und wird, wenn größere Flächen mehr Rauheit
haben, die sie in der gegebenen Politur nicht verlieren
konnten, als kleinere unter eben diesen Umständen (und wer
wollte das läugnen?) bei größern häufiger losgerissen, als
bei kleinern; es geschehe nun bei beiden in einerlei oder
verschiednen Zeiten, bis dieses Losreissen, wegen Abnahme
an Rauheit, oder weil selbst der sich auflegende Staub
dieses einigermaßen hindert, so bleibt doch immer die Behauptung wahr. Man heiße dieses Losreißen des Metall-
staubes: Vervollkommnung der Politur; so ist doch klar,
daß bei größern Flächen mehr Politur auf diese Art angebracht werde; oder welches eben das heißt: Größere Metallflächen verursachen größern Reibewiderstand.

f) Wurden bei Metallflächen wie in (e) die Versuche angestellt, so war bei Eisen auf Eisen $\psi = 3, 5 : 1$; Kupfer
auf Eisen gab $\psi = 4 : 1$. Es konnten in jedem dieser
zwei Fälle nur zwei Versuche angestellt werden, weil das
Abreiben der Lamellen zu groß wurde. De Coulomb
fand keinen vermehrten Widerstand bei vermehrter Geschwindigkeit, woraus freilich folge, daß die Fläche keinen
Einfluß in den Reibewiderstand habe; allein mich dünkt,
die Sache hat noch eine andere Seite, auf die zugleich
müsse Rüksicht genommen werden; wovon bei den noch
folgenden Untersuchungen wird geredet werden.

g) Würden die Flächen in (a) geschmiert, und zwar mit Talge
(weil das Oel nur bei Metallflächen mit einigem Nutzen
angewandt wird); so war bei verschiedenem P auch das F
verschieden, woraus deutlich auf den Einfluß der Flächen
in den Reibewiderstand geschlossen wurde, wie ich diesen
in §. VII. weitläuftiger angeführt habe. Vermehrte bewegende Kraft gab zwar vermehrte, nur gleichförmige, nicht

aber

aber beschleunigte Bewegung, wie das lezte doch hätte seyn sollen, weil die bewegende Kraft ein fallender Körper (das dortige p) war. Auch diese Erscheinung fand noch statt, wenn statt des Talges Theer zum Schmieren gebraucht wurde. Die Bestätigung dieser Erscheinung wird durch eigene Versuche, worinn die Flächen möglichst klein waren, erhalten; denn in diesen Versuchen erhielt man bei den verschiedensten P einerlei ψ und zwar $= 16 : 1$.

h) Wenn auch so die Flächen in (e) mit Talge geschmiert wurden, so zeigt sich auch da der Einfluß der Fläche in den Widerstand. Dieses zu erforschen, sucht man das ψ auf, bei verschiedenen Lasten, wo aber einerlei Geschwindigkeit statt hat; dieses nun zeigt bei kleinen Lasten einen größern verhältnißmäßigen Widerstand. Es verdient angemerkt zu werden, daß sich der Widerstand bei angehender Bewegung, wo die Geschwindigkeit sehr gering war, so, daß der Schlitten in 100″ kaum einen Zoll durchlief, sich beinahe zu dem Widerstande verhielt, wenn der Schlitten in 1′ einen Fuß durchlief, wie 1 : zu 4. und im ersten Falle konnte man bei Lasten von 1000 Pfunden $\psi = 36 : 1$ annehmen.

Daß das Kleben des Fettes sehr zunehme, wenn es bei diesen Flächen nicht oft erneuert ward, zeigten eigens angestellte Versuche. Die Last war 1650 Pfund; die Flächen Eisen und Eichenholz; die Berührung 45 Quadratzolle; die bewegende Kraft 100 Pfund. Die gleichförmige Bewegung erfolgte in den zwei ersten Gängen so, daß der Schlitten innerhalb 4″ durch 3 Fuße kam; allein die Geschwindigkeit nahm in den folgenden Gängen immer ab, so, daß schon im 15ten Gange dieser Raum kaum in 1140″ durchlaufen ward, und beim 16ten stand der Schlitten gar stille.

Wurden die Flächen möglichst klein, so zeigte das Schmieren wenig Vortheil; begreiflich wich hier das Schmier aus, weil es die fast schneidenden Flächen gar leicht zur Seite drukten, und die Flächen so in unmittelbare Berührung kamen.

C

Wurden die obigen möglichſt kleinen Holzflächen ſo an=
gebracht, daß ſie ſich auf Eiſen quer gegen ihre Faſern
bewegten, und zugleich Talg zwiſchen ſie geſchmiert, ſo
hatte die Geſchwindigkeit keinen Einfluß in die Größe des
Reibewiderſtandes; denn wenn das p in der Schale groß
genug war, den Widerſtand zu überwinden, ſo gabs jedes=
mal beſchleunigte Bewegung, und ψ war durchgängig
$= 17:1$. Blieb noch alles wie oben, nur, daß die Eiſen=
lamellen ſorgfältig vom Schmiere gereinigt wurden; ſo
war $\psi = 14:1$ und auch dieſes Verhältniß blieb bei jeder
Laſt, und jeder Geſchwindigkeit eben das. Dieſe Vorrich=
tung kömmt in der Wirkung mit der überein, wie ſie bei
Rollen §. XII. pflegt zu ſeyn.

i) Die Flächen in (e) geſchmiert, ließen deutlich bemerken,
daß hier größere Berührung auch größern Widerſtand
gebe: denn bei den möglichſt kleinſten Flächen gab's bei
verſchiedenen Laſten einerlei ψ; wovon ſchon das Nöthige
in §. X. iſt erinnert worden.

§. XIV.

Zur Erklärung der im nächſtvorigen §. einzelnweiſe ange=
führten Erſcheinungen, die nur ihren Grund in Verſuchen
haben, nehme ich zwo Urſachen auf den geriebenen Flächen an,
die den beobachteten Widerſtand hervorbringen.

a) Haar = oder borſtenähnliche Faſern, und
b) Pore, oder Vertiefungen, und folglich Erhaben=
heiten.

Das Daſeyn dieſer beiden Urſachen zugleich kann man bei
Holzflächen nicht läugnen, wenn man ſich bei ihrer Beſichtigung
nur eines Vergrößerungsglaſes bedienen will. An Metallflächen
ſind die Faſern nicht, allein Erhabenheiten ſind gewiß da, und
dieſe laſſen wegen ihrer Härte und Sprödigkeit kein Weichen zur
Seite, kein Zuſammen = oder Plattbrücken, wie ſolche der Holz=
flächen, zu; ſie werden beim Reiben abgeriſſen, und geben den
Metallſtaub, den man bei dieſen Fällen immer wahrnimmt.

Dieser Staub wird in der Folge günstig, wenn sich die näm=
lichen Flächen mehrmal übereinander herbewegen, indem er die
Pore meistens ausfüllt. Die Haarfasern verschlingen sich wäh=
render Bewegung in einander so, wie wenn man ein Paar
Stükchen Sammet, oder ein Paar Kehrbürsten übereinander
herziehen will; sie haben bei kleinen Lasten mehr Gelegenheit
dieses Verschlingen zu Stande zu bringen, als bei großen; in=
dem sie im lezten Falle bei der ersten Berührung stark gebogen,
und an die Fläche dichte angedrükt werden, wodurch das In=
einandergreifen und Verschlingen derselben schwerer gemacht
wird.

Die Erhabenheiten der einen Fläche greifen in die Vertie=
fungen der andern ein, und da müssen beim Uebereinanderbe=
wegen diese Erhabenheiten entweder weggerissen werden, oder
sie müssen sich beugen und verschieben, oder wenn keines dieser
beiden erfolge, so müssen sich die Flächen heben, als wenn sich
die Last auf einer Schiefebene befände. Man begreift, daß
jede dieser Voraussetzungen den Widerstand der Friktion erkläre.
Im ersten und zweiten Falle erfolgt Vervollkommnung der Po=
litur, wovon ich schon an einigen Stellen geredet habe.

Bei geschmierten Flächen verlieren die Fasern ihre Schnell=
kraft beinahe ganz, und so wird dann auch ihr Einfluß auf den
Widerstand sich beinahe ganz verlieren; auch werden mit dem
Schmiere die Vertiefungen ausgefüllt, und so wird der Wider=
stand, der von diesen herkommt, vermindert; dagegen aber tritt
eine neue Ursache des Widerstandes, das Kleben des Schmieres
nämlich, ein.

Nach diesen allgemeinen Voraussetzungen gehe ich zu der
Erklärung der einzelnen Erscheinungen über, und man kann
dieses die Theorie des Reibens nennen.

Daß es bei Holz auf Holze, wie oben in (a) angeführt ist,
eine lange Zeit brauche, bis der Widerstand ein Größtes wird,
und daß in diesem Zustande selbst der Widerstand sehr groß sei,
kommt wohl daher, weil die Erhabenheiten wechselweise in die
wechselseitigen Pore, wie Keile eindringen, und bei längerer

Zeit, aber dem nämlichen Drucke, der wie eine beständige Kraft wirkt, dieses Eindringen tiefer und tiefer geschehe. Auch erleich-tern hölzerne Erhabenheiten das Eindringen, indem sie dem keilförmigen Drucke, vermöge ihrer Elasticität und mindern Sprödigkeit, leicht ausweichen. Man kann zwar, weil man die Grade der Elasticität, so wie die Gestalt und Größe der Pore und Erhabenheiten nicht genug kennt, auch nicht bestimmt angeben, wie weit dieses Eindringen möglich sei; aber be-greiflich ist doch so viel, daß bei sonst gleichen Umständen, größere Lasten dieses Eindringen tiefer befördern. Wird der nämliche Druck auf eine größere Fläche verbreitet, so dringen zwar die Erhabenheiten nun nicht so tief wechselseitig ein, aber ihre Zahl ist desto größer; in beiden Fällen muß gleiches Verhalten statt finden, weil Versuche für beide Fälle gleiches ψ gaben. Sehr gut hat hierüber *Belidor* in Architect. hydraul. Tom. I. C. II. geschrieben.

Sind die Flächen in Ansehung der Last klein, so wird das Eindringen, so weit es diese Last möglich machen kann, bald geschehen seyn; tiefer zwar, als bei breitern Flächen, aber auch desto schneller, weil sich die eintreibende Kraft nicht auf so viele Widerstände vertheilt. Daß die Haarfasern hier zugleich ihre Rolle spielen, ist begreiflich; sie sind elastisch, daher geschieht auch ihr Beugen nur nach und nach, bis sie endlich die Beugung erhalten haben, die ihnen der Druck geben konnte. Diese all-mälige Beugung läßt daher auch nur allmäliges Eindringen der Erhabenheiten in die Pore wechselseitig zu, und so erhellet nun, was es mit dem allmälig zunehmenden Widerstande für eine Beschaffenheit habe. Werden die Flächen nun, nach vor-heriger Ruhe, zur Bewegung aufgefodert, so wird sich ein großer Theil dieser unordentlich gebeugten Fasern sogleich ver-schlingen, und sich sträuben. Aber auch, je mehr diese Fasern gebogen waren, desto größer wird ihr Sträuben, auch desto stärker ihr Zusammenhang im Verschlingen seyn; denn die an-genommene gleichsam gewöhnte Lage wird sie jetzt zu jedem andern Beugen ungeschickter gemacht haben. Wenn zwar der

Wiberſtand, der von den gedachten Faſern herrührt, ungleich weniger, als jener vom wechſelſeitigen Eindringen, beträgt; ſo denke ich, muß doch wohl bei den Erklärungen Rükſicht darauf genommen werden.

Die Erhabenheiten bei Hölzern haben wohl der Länge der Faſern nach, meiſtens ähnliche Bildung; und ſo die Vertiefungen; daher müſſen Flächen, die beide der Länge der Faſern nach auf einander gepreßt werden, tiefer in einander eindringen, und alſo einen ſtärkern Wiberſtand der bewegenden Kraft entgegenſetzen, als Flächen, deren Faſern ſich in ihrer Aufeinanderlage kreuzen. Dieſes erklärt die Erſcheinung in (a) zu Ende.

So läßt ſich nun ohne Zwang, aus dem eben Geſagten die Erſcheinung in (b) erklären. Das Verſchlingen der Faſern iſt auf gleichgroßen Stellen einer gegebenen Fläche einerlei, oder doch beinahe einerlei; und es braucht nur ein ſehr mäßiger, oder ſolcher Druck zu ſeyn, der die Flächen nahe genug aneinander bringt, um das Verſchlingen zu erwirken. Es wird aber begreiflich, daß ſolch ein beſtändiger Widerſtand im Verhältniſſe kleiner Zahlen ſtärker, als großer Zahlen empfunden werde.

Schwerer ſcheint es, die Erklärung von (c) geben zu können. Die Metallflächen haben die Faſern nicht, wie die Holzflächen. Bei leztern werden dieſe Faſern in der Ruhe aneinander gedrukt, und ſtemmen ſich wohl auch gegen einander, wodurch dann verhindert wird, daß wenigſtens ein merklicher Theil von ihnen in die Pore wechſelſeitig nicht eindringen oder einbeugen kann. Hier fehlen von Seiten der Metallflächen die Faſern, und daher fällt dieſes Stemmen weg. Die Faſern des Holzes werden ſich beim Beugen über die Vertiefungen des Metalles ſowohl, als über die des Holzes herlegen; allein dem beſtändigen Drucke müſſen ſie endlich nachgeben, und ſich durch die wechſelſeitigen Erhabenheiten in die wechſelſeitigen Vertiefungen mit einbeugen. Dieſe Einbeugung wird langſam vor ſich gehen, weil ſich die Federkraft der Faſern dagegen ſträubt; wozu dann auch noch kömmt, daß einige davon, an einem Ende

C 3

durch Anwuchs feste, am andern durch den wechselseitigen Druck
wie von einer Zange festgehalten, sich gleichsam verlängen müssen,
um die Einbeugung anzunehmen. Diese beiden Umstände, vorzüglich der lezte, verursachen den langsamen Erfolg bis zum
größten Widerstande. Ist der Druck sehr stark, so geschieht
das Eindringen in die Pore desto tiefer, weil manche Einbeugung beim geringen Drucke gar nicht erfolgt, die erst beim
starken Drucke statt hat. Aber die Metallerhabenheiten geben
bei angehender Bewegung nicht nach; die bewegende Kraft
muß also sie, oder die des Holzes losreißen, oder sie schlüpfen
auseinander, und es erfolgt wie bei Schiefebenen ein Heben
der obern angedrukten Fläche. Daß aber ersteres meist der
Fall seyn müsse, zeigt sich dadurch, daß große Lasten einen
verhältnißmäßig stärkern Widerstand gaben; aber lezteres wohl
fast einerlei Verhältniß bringen müßte. Doch war bei diesen
Flächen überhaupt der Widerstand geringer, als bei zwei Holzflächen, vermuthlich wohl daher, weil hier das Verschlingen
der Fasern nicht statt hat.

Die obige, nicht zu widerlegende Hypothese lege ich nun
zum Grunde bei der Erklärung des Falles unter (d). 1) Hat
das Verschlingen der Fasern hier nicht statt; 2) werden die
Fasern hier nicht günstig, indem sie sich nach der ersten Einbeugung über die Pore des Holzes hinlegen, und das tiefe
Eindringen der Eisenerhabenheiten hindern; ohnehin sind wohl
die Erhabenheiten des Eisens nicht so groß, als die des Holzes. Beim ersten Beugen, welches während der Bewegung erfolgt, werden die Fasern dadurch einen Widerstand verursachen,
indem sie sich gegen den vordern Theil der Eisenfläche stemmen,
und ihre Straffheit ihr entgegenstellen; aber wenn eine Kraft
sie einmal niedergebogen hat, so braucht es keine neue sie in
dieser Stellung zu erhalten, in dieser Stellung bleiben sie für
den noch übrigen Theil der Berührung; aber diese Stellung
ist der Bewegung günstig. Größere Lasten werden jedoch ein
größeres Eindringen der Erhabenheiten verhältnißmäßig zu

Stande bringen, daher war bei verschiedenen Drucken das Verhältniß einerlei.

Aus dem obigen begreift sich nun auch das Wachsthum der Friktion bei wachsender Geschwindigkeit. Denn der vordere Theil der Eisenfläche muß immer neue Fasern beugen, und das geschieht bei größerer Geschwindigkeit in größerm Maaße; wozu auch noch kömmt, daß, wenn die Eisenerhabenheiten einmal eingegriffen haben, so müssen die Holzerhabenheiten entweder weichen, oder sie werden losgerissen; dieses erfolgt aber doch auch immer aufs neue wieder. Die langsame Bewegung giebt nur mehr Zeit zum Eindringen; daher sind die Stuffen des zunehmenden Widerstandes nicht so groß, als die der zunehmenden Bewegung.

Man könnte aber einwenden, das nämliche lasse sich auch von Holzflächen sagen, und doch seien die Erscheinungen dort anders — Allein man muß bedenken, daß dort beide Flächen mit Fasern bedekt sind, und folglich das Verschlingen dieser Fasern dort statt habe; daß also bei Holzflächen niemal die Fasern die obige einmal erhaltene gebogene Lage für den übrigen Theil der Berührung behalten können. Ist ferner bei Holzflächen die Geschwindigkeit einigermaßen beträchtlich, so werden die gesträubten Fasern durch ihre elastische Straffheit hindern, daß die Flächen nicht mehr so nahe zusammenkommen. Denn man weiß, daß die Holzflächen doch einige Minuten Ruhe brauchte, bis zum größten Widerstande zu kommen; dieser Widerstand wird sich also wohl vermindern, wie sich die Bewegung der Fläche von der Ruhe entfernt. (Es ist doch wohl erlaubt anzunehmen, daß zunehmende Geschwindigkeit eine abnehmende Ruhe sei). Man kann also bei Holzflächen, die eine beschleunigte Bewegung erhielten, annehmen, die absolute Friktion für den nämlichen Raum nehme ab, wie die Geschwindigkeit, womit er durchlaufen wird, zunimmt; allein da auch bei jeder vermehrten Geschwindigkeit in der nämlichen Zeit mehr Fläche durchlaufen wird, so wird durch vermehrte Anzahl Hindernisse diese zwar absolut kleinere Friktion mehrmal in der nämlichen Zeit wirken, und daher wieder stärker empfunden werden. Dieses Abnehmen und mehrmalige Wiederholung müssen sich wechselweise im Gleichen erhalten, weil die Versuche eine beständige Größe für den Widerstand geben. Die Zunahme des Widerstandes bei Metall= und Holzflächen begreift sich aus dem nämlichen angeführten Grunde, aber die Abnahme läßt sich, weil hier die Umstände anders sind, nicht annehmen.

Die Metallflächen in (e) brauchten keine Zeit der Ruhe, bis sie den größten Widerstand gaben. Begreiflich fehlen hier die Fasern, die die allmälige Zunahme sonst verursachten; noch mehr, die Erhabenheiten können nicht nach und nach in die Vertiefungen wechselseitig eingetrieben werden, weil hier wegen der Sprödig= und Festheit nicht allmäliges, ja gar kein Ausweichen der wechselseitigen Erhabenheiten statt hat. Daß aber die Größe der Flächen ins Verhältniß des Widerstandes einwirke, ist zweifelhaft; der Versuch nämlich, wobei sich der Schlitten auf vier runden Nägelsköpfen bewegte, macht die Sache zweifelhaft. Nach der Analogie zu schließen, würde man den Einfluß der Fläche nicht verneinen.

Das in (f) Gesagte muß so verstanden werden, daß die Beobachtungen erst dann gemacht wurden, wenn die Flächen durch den Gebrauch schon die möglichste Politur erhalten hatten, denn ohne diesen (wie schon in (e) erinnert worden) geben diese Flächen einen Einfluß in die Friktion. Allein so, wie die fortgesetzte Bewegung die Rauheiten wegnimmt, und sie in Metallstaub verwandelt, so läßt sich doch auch annehmen, daß dieser Staub in verschiednen Rücksichten nachtheilig wird. Seine ungleiche Aufhäufung an verschiedenen Stellen, wo ihm wohl die Pore zur Stütze dienen könnten, bildet neue Unebenheiten, vielleicht größere Erhabenheiten, als die natürlichen des Metalles u. dgl. Da aber die Versuche mit den Schlitten sowohl als die mit Rollen, worinn sich Metall auf Metalle rieb, zeigten, daß vermehrte bewegende und fallende Kraft beschleunigte Bewegung hervorbrachte, so läßt sich doch nicht wohl an-

ders schließen, als daß die Flächen keinen oder einen sehr uns
merklichen Einfluß ins Verhältnis der Friktion haben.   Die
Erscheinung aber, daß die Friktion in jeder Geschwindigkeit
sich gleich bleibe, ist analogisch mit der, daß die Ruhe keinen
Einfluß auf die Größe des Widerstandes habe.   Allein, da sich
bei diesen Flächen der Widerstand vom Ineinandergreifen der
Rauheiten herschreibt, so sollte man doch auch so zu urtheilen
berechtigt seyn.   Wenn das eine Mal in einer gewissen Zeit eine
doppelte Anzahl Rauheiten in einander greifen (wie das bei
doppelter Geschwindigkeit doch wohl seyn könnte) das andere
Mal aber nur eine einfache Zahl Rauheiten das thue, auch im
ersten Falle ein doppelter Widerstand müsse empfunden werden.
Diese Schwierigkeit zu heben, muß man mit Belibor und
Muschenbröck annehmen, daß bei vermehrter Geschwindigkeit Rauheiten übersprungen werden.   Bei kleinen Lasten wird
dann dieses Ueberspringen häufiger, als bei großen seyn, weil
die ψ bei allen Lasten einerlei waren.   Die größere Elasticität
der Metalle als jene des Holzes ist dann diesem Ueberspringen
günstiger, und hierdurch unterscheiden sich diese Fälle von denen in (d).

Ueber die Erscheinung in (g) habe ich in §. VII. bestimmt
genug geredet.   Die Klebrigkeit des Schmieres zu untersuchen
gehört in die Chemie, wo sie vermuthlich aus den Affinitäten
erklärt wird, hier ist es genug zu wissen, daß sie da ist.   Aber
das Eindringen des Fettes in die Holzflächen kann wohl auch
die Zahl der Faßern vermehren, die nun durch dieses Eindringen, welches nach den Gesetzen der Haarröhrchen geschieht,
schon loser gemacht, bei erfolgtem unmittelbaren Reiben der
Flächen dann leichter und häufiger losgerissen werden.   Da aber
bei geschmierten Holzflächen eine lange Zeit verstrich, bis der
größte Widerstand erfolgte (die Zunahme des Widerstandes
ward oft nach 6 Tagen noch gemerkt) so ist, weil langsame
und geschwinde Bewegung sich wie relative Ruhen verhalten,
begreiflich, daß langsame Bewegung hier einen stärkern Widerstand, als geschwinde, geben müsse.

Aus dem nämlichen Gesichtspunkte beurtheile ich das in
(h) Angeführte. Da aber hier die möglichst kleinen Flächen in
ihrer Querbewegung bei jeder Geschwindigkeit einen beständigen Widerstand gaben, indem die vermehrten p Beschleunigung
verursachten, so muß wohl die Erklärung etwas geändert werden. Hier hat das Kleben des Schmieres nicht statt; jedoch
bleiben die Pore noch mit Schmiere ausgefüllt, welches man
wohl als einen hohen Grad von Politur annehmen kann. Die
unmittelbare Berührung der Flächen wird nicht gehindert, sondern nur in etwas das Abschaben derselben, und so müssen
überhaupt kleinere Widerstände erfolgen, wie es auch die dortigen ψ angeben. Es verhält sich nun hier wieder so mit den
Graden der Geschwindigkeit, wie oben mit den angeführten
Ruhen; und dieses heißt soviel: Eine größere Fläche, die in
der nämlichen Zeit, wie eine kleinere, durchlaufen wird, gäbe
zwar einen absolut größern Widerstand, aber sie hat eine geringere Ruhe, und daher werden beide Widerstände gleich. Sollte
dieses Gleichwerden auch nicht genau erfolgen, so werden doch
kleine Unterschiede in den Versuchen unbemerkbar.

Nun hat es auch mit der Erklärung der Erscheinung in (i)
keine Schwierigkeit. Diese Flächen geschmiert, brauchten eine
sehr kurze Zeit bis zum größten Widerstande zu kommen, und
dieser größte Widerstand war von dem, am Anfange der Ruhe,
wenig verschieden. Hieraus folgt nun, daß größere Geschwindigkeit, als geringere Ruhe betrachtet, hier keinen, oder einen
unmerklich geringern Widerstand geben werde. Es kann daher
der Kleber des Schmieres ganz wirken, und seine Wirkung wird
auch ganz empfunden.

§. XV.

Mit den Untersuchungen im vorigen §. schließe ich die eigentliche Beantwortung der vorgelegten Frage. Wie nahe ich
das gesteckte Ziel erreicht habe, muß ich vom Urtheile der gelehrten Herren Mitglieder der am Eingange hochgenannten Societät erwarten, von Männern also, deren große Gelehrsamkeit so-

wohl, als Unpartheilichkeit durch mehrere Proben am Tage liegt. Sollten andere, die mit mir gleiche Bahn betraten, mit mehr Einsicht und Fleiße, als ich gearbeitet haben, so weiß ich mich zu bescheiden. Es waren die vorhergegangene Gedanken nicht die ersten, die ich auf diesen Theil der mathematischen Physik verwendete; von längerer Zeit her, als die Frage aufgegeben war, hat mich schon dieser Gegenstand beschäftigt. d) Ich dachte nämlich, es sei dem Menschen mehr gedient, wenn ich auch nur einen Funken Aufhellung in diese verwickelte Materie vom Reiben der Körper eintrüge, als wenn ich einen Versuch zu Ausfindung eines scharfsinnigen Problems machte, wovon doch vielleicht niemal eine Anwendung gemacht werden könnte; ich brauche es daher nur zu sagen, daß mir die Bekanntmachung der vorgelegten Frage sehr willkommen war.

Als einen Zusatz will ich noch einige Betrachtungen über die Friktion liefern.

Das Reiben zweier Körper erfolgt, wenn sie sich dergestalt über einander her bewegen, daß jeder Punkt der einen Fläche zwar beständig in Berührung mit der andern Fläche bleibe, aber nach und nach immer andere und andere Punkte dieser andern Fläche berühret. Wenn daher ein Cylinder, oder eine Kugel auf einer Ebene hinrollt, so giebt diese Bewegung eigentlich keine Friktion. Wäre diese Art Bewegung nicht so unbequem (denn sie fodert unstäte Maschinen) so würde sie allein zu em-

---

d) Man sehe meine selbstverfaßte Inaugural-Abhandlung de Frictione, die ich im Jahre 1786 den 24sten April zu Erfurt vertheidigte. Ich hatte solche in dem damal verflossenen Winter zu Göttingen ausgearbeitet; der vortrefliche Unterricht meiner dortigen Herren Lehrer der Herren Hofr. Kästner und Lichtenberg, und die Benutzung der dortigen vortreflichen Bibliothek, waren mir die Hilfsquellen dazu. Da ich dieses vor dem Publikum bekenne, so braucht es doch wohl kein weiteres Zeugen anführen, gegen gewisse Nasenrümpfer, die die Erscheinung meiner Differt. für eine, in fremdem Garten gewachsene Frucht erklärten. Gerade, als wenn ein Prof. extraord. nichts Gescheides sagen, oder schreiben könne, weil er nicht ordinarius ist.

pfehlen seyn. Bei Fortschaffung ausserordentlich großer Lasten wird sie noch immer mit Vortheil angewandt. So ward durch untergelegte Kugeln die ausserordentliche Steinmasse, die zu St. Petersburg mit der Statue Peters des Großen pranget, auf beinahe eine halbe Meile fort= bis zu ihrer bestimmten Stelle bewegt. Daher beschäftigte auch schon die Natur dieser Bewegung den größten Leibniß, wovon die Miscell. Berolinens. 1710 einen Beweis liefern. Jedoch muß man auch nicht glauben, daß, wenn gleich hier alle Friktion vermieden wird, kein anderer Wi= derstand eintrete. — Wenn man bedenkt, daß es keinen voll= kommen harten Körper in der Natur gebe; noch mehr, daß die härtesten Körper, weil sie gewöhnlich die sprödesten sind, zu diesem Gebrauche zugleich die ungeschiktesten sind: so wird man wohl von der Sache so urtheilen müssen: Die unterlegten Kugeln oder Cylinder werden von der auf sie drückenden Last entweder für sich schon etwas platt gedrükt, oder sie werden Vertiefungen in die unterlegte ebene Fläche drücken, oder es geschieht beides; in allen diesen Fällen werden die Kugeln oder Cylinder in ihrer Fortbewegung wie auf Schiefebenen stei= gen müssen; würde aber auch die Eindrückung mit jedem Fort= gange aufs Neue erfolgen, so begreift sich doch, daß auch hier= zu Kraft erfodert werde; weil die einzubrückende Erhabenheit sich diesem Erfolge widersezt, oder, weil die Kugeln oder der Cylinder immer an Hindernisse kömmt, die durch dieses Ein= drücken aus dem Wege geschafft werden müssen.

Aber so wahr es ist, daß die wälzende Bewegung nach der obigen Betrachtung unstäte Maschinen erfodere, so gewiß ist es doch auch, daß sie bei Theilen unserer gewöhnlichen feststehen= den Maschinen vorkomme. Allein wird solchen Theilen, die sich so, wie bei Wälzungen berühren, die gehörige Form nicht gege= ben, so werden sie sich reiben, welches doch konnte vermieden werden. Aber daß solche Fehler bei sonst recht guten Maschinen nur zu oft begangen werden, und daß auch erfahrne Künstler hierinn es versehen können, ist leider nicht zu läugnen.

'Ich will daher einige besondere Fälle hier anführen, aus denen man leicht die Vorsichtsregeln bei Maschinenanlegungen wird herleiten können.

Herr Hofr. Kästner beweist analytisch in novis Comment. Societat. reg. Scient. Goetting. Tom. II. (wovon ich hier die deutsche Uebersetzung gebe), daß die Gestalt der Däumlinge, die bei Stampfmühlen durch die Welle des Rades gehen, und beim Herumdrehen der Welle den Zahn am Stampfer greifen, und ihn so heben, die Evolute eines Zirkels sei, dessen Halbmesser so groß ist, als eine Linie aus der Achse der Welle bis an den Punkt des Däumlings, der zuerst den Zahn berührt. Die erforderliche Gestalt des Däumlings ist aber so, (man kann immer die Gestalt durch eine Linie angeben, weil nach ihr die Gestalt der Berührungsfläche des Däumlings muß gebogen seyn) daß seine Punkte, wie sie nach und nach mit dem Zahn in Berührung kommen, diesen Zahn, der horizontal liegt, nun vertikal heben, indem des Däumlings Punkte mit der gedrehten Welle, Zirkel beschreiben. Diese einzige Gestalt des Däumlings verhütet alles Schleifen oder Reiben in der Berührung, bis zum letzten Punkte, wo, wenn hier Däumling und Zahn sich verlassen, und letzterer nun das Fallen des Stampfers zuläßt, eigentlich gar keine Friktion statt hat, weil sich so die allmälige Berührung in eine wälzende Bewegung verwandelt. Wenn nun zwar bei Anlegung einer solchen Maschine das größte Ebenmaaß der Theile nicht erhalten werden kann, indem immer ein Schwanken, um den Dingen die Bewegung zu erleichtern, verstattet werden muß, so ist doch soviel gewiß, daß wenigstens bei der obigen Gestalt die Friktion soviel vermieden wird, als es thunlich ist, wo man Fehler gegen die Theorie der bewegten Maschine lassen muß. „Wieviel Nachtheil das Versehen gegen die obige erfoderliche Gestaltgebung bei dergleichen Maschinen bringe, führt der gedachte Herr Verfasser mit Folgendem noch an:" Uebrigens ist es gewiß, daß, da die so nöthige Gestalt den Däumlingen von handwerksmäßigen Maschinemachern nicht gegeben werde (denn ihre Kenntnis erstrekt sich bei krummen Gestalten nicht über die, des Zirkels) sich diese Gestalt nach und nach durch wechselseitiges Abreiben des Däumlinges und Zahnes von selbst herstelle; so wie die Kammen und Triebstöcke nach und nach durch wechselseitiges Abreiben in die, bei ihnen erfoderliche epizykloidische Gestalt gebracht werden.

Aber bis diese Herstellung der Gestalt so zu Stande kömmt, wird doch die mißstaltete Maschine in Bewegung gehindert, und ungleichen Gang haben. „Man hat von dem berühmten Verfasser noch zwo andere Abhandlungen, die sich in den gedachten Commentationibus, und zwar die erste : **Von den Kammen der Räder** in benen fürs Jahr 1781, die andere:" **Von den Kammen, welche in runde Triebstöcke eingreifen**, fürs Jahr 1782 vorfinden. In diesen Abhandlungen wird erwiesen, daß die Gestalt der Kammen eine epizykloidische Beugung sei. Noch mehrere Schriftsteller, welche unser Herr Verfasser in seinen Anfangsgr. zur Statik anführt, haben über diese Gestalt geschrieben. Es ist nämlich von der Gestalt der Kammen eben das zu sagen, was oben von der, der Däumlinge in Ansehung der zu vermeidenden Friktion gesagt worden ist.

Daß es übrigens auch nicht gleichgültig sei, in was für einer Richtung die Kraft bei einer Maschine wirke, wenn man zugleich Rüfsicht auf Friktion nimmt, wird aus folgenden zwei Untersuchungen dargethan werden.

In der Statik wird erwiesen, daß zur Hebung der Last auf der Schiefebene die Kraft ein Kleinstes sei, wenn sie mit der Schiefe der Ebene parallel ziehe. Dieser Lehrsatz aber sezt keinen Widerstand des Reibens zum voraus, und wenn daher dieser Widerstand mit in Betracht kömmt, so ist die obige Richtung der Kraft nun nicht mehr die vortheilhafteste. Man kann hierüber lesen, wie dieses der mehr belobte Herr Hofr. **Kästner** im [**Leipziger Magazin zur Naturkunde und Mathematik** erstes Stück 1782. erwiesen hat; und dessen Gründen ich hier folgen will.

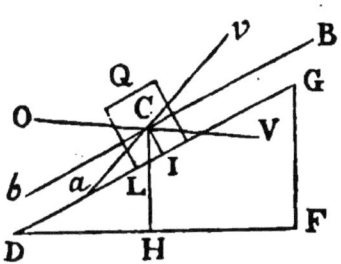

Es sei eine Last $= Q$ auf einer Schiefebene G D, deren Neigungswinkel G D F $= \jmath$ gegen den Horizont bekannt ist, zu heben; der vertikale Druck der Last geschieht in der Richtung der geraden C H folglich ist der senkrecht Druck auf die Schiefebene $= Q \cos \jmath$, seine Richtung giebt C I an. Der Druck nach C B, oder das respektive Gewicht der Last, ist $= Q . \sin \jmath$. Es sei ferner das Verhältnis der Friktion zur Last $= 1 : m$ (die Erfahrung hat gelehrt daß $m > 1$ sei); folglich ist in unserm Falle der Widerstand des Reibens $= Q . \dfrac{\cos \jmath}{m}$

Ich will annehmen, die Kraft $= K$, die die Last Q bewegt, ziehe in der Richtung C V, unter einem Winkel CAD mit G D, der bekannt und $= \zeta$ ist. Diese Kraft kann in zwo zerlegt werden, wovon die eine mit der Ebene parallel und nach C B zieht; diese ist $= K . \cos \zeta$, die andere senkrecht auf die Ebene nach C I zieht, und $= K . \sin \zeta$ seyn wird; diese lezte wird neuen Druck auf die Ebene geben, und daher neue Friktion verursachen; die daher entstehende Friktion ist aber $= K . \dfrac{\sin \zeta}{m}$.

Die Kraft K, welche in der angegebenen Richtung zieht, muß sowohl die respektive Last, als auch beide Friktionen überwinden; und das statische Gleichgewicht wird seyn, wenn
$$K . \cos \zeta = (\sin \jmath + \tfrac{1}{m} \cos \jmath) . Q + \tfrac{1}{m} K . \sin \zeta .$$
ist; hieraus aber

wird
$$K = \frac{\sin \jmath + \dfrac{1}{m} \cos \jmath}{\cos \zeta - \dfrac{1}{m} \sin \zeta} . Q \quad (\odot)$$

Um Bewegung der Last hervorzubringen, muß, begreiflich, K etwas größer seyn.

Aus der Formel $(\odot)$ folgt

1) daß der Zähler, weil die Neigung der Schiefebene ungeändert bleibt, eine beständige Größe sei: ich setze daher
$$(\sin \jmath + \tfrac{1}{m} \cos \jmath) . Q = L$$

2) Wenn daher $\zeta = 0$, d. i. wenn die Richtung der Kraft mit D G parallel ist, so ist K $=$ L. Folglich nimmt K ab, wie ζ von seinem positiven Werthe abnimmt, bis es $= 0$ wird; dieses giebt der Nenner der Formel zu erkennen.

3) Aus eben dem Nenner folgt, daß K immer größer noch als L sei, so lange $\cos \zeta - \frac{1}{m} \sin \zeta$ positiv, d. i. so lange ζ positiv ist; weil in diesem Falle der Nenner ein wahrer positiver Bruch ist.

4) Wenn der Nenner $= 0$ wird; d. i. wenn $\cos \zeta = \frac{1}{m} \sin \zeta$ oder $m = \text{tang } \zeta$; so ist K $= \infty$; d. h. in diesem Zustande ist K ein Größtes.

5) Wird $\zeta = 90°$; oder wenn die Richtung der Kraft nach C I ist, so ist K $= - m$ L. Eine solche Kraft würde abwärts ziehen, und ist also der Absicht nicht gemäs; verdient also keine weitere Betrachtung, weil die bewegende Kraft nicht abwärts ziehen soll.

6) Folglich giebt es unter allen Richtungen, die zwischen die parallele, und die, welche mit C I zusammenfällt, keine, bei welcher K kleiner, als L wurde, selbst, wenn die Richtung der C I nahe kömmt, fängt die Kraft an, abwärts zu ziehen, und unter C I wird es ohnehin lauter negative K geben. Freilich würde es unter C I Richtungen geben, z. B. a C nach denen die Kraft aufwärts drücken könnte, und deren Verlängerung auf der andern Seite von C nothwendig oberhalb C B, wie etwa C v ist, fallen würde; allein hier ist klar, daß sich Zug in Druck, oder die erste Richtung in eine entgegengesetzte verwandelte, und so wäre dann auch das negative K in diesem Sinne positiv, und mit dem einerlei, welches nach C v zöge.

7) Die Kraft K ziehe also in Richtungen, die wie C v oberhalb C B fallen; so daß diese Richtung in D G, bei a etwa, einschneide, und so ist klar, daß ζ jetzt ein negativer Winkel sei; der sich in B C v $=$ v a G verwandelt; hierdurch aber

wird

wird die Formel (⊙) geben $K = \dfrac{L}{\cos\zeta + \dfrac{1}{m}\sin\zeta}$. Hier

kann der Nenner niemal $= 0$ werden, aber auch nicht $= \infty$, weil m nicht $= 0$ seyn wird. Aber dieser Nenner kann größer als 1 werden, und in diesem Falle wäre K kleiner als L; folglich giebt es hier ein Kleinstes K, wenn der Nenner ein Größtes wird.

8) Es sey $\cos\zeta + \dfrac{1}{m}\sin\zeta = u$; so ist nach den Regeln des

Differenziirens $du = -\sin\zeta + \dfrac{1}{m}\cos\zeta \cdot d\zeta$ und daher

$\dfrac{du}{d\zeta} = -\sin\zeta + \dfrac{1}{m}\cos\zeta = 0$ gesetzt, giebt $\sin\zeta = \dfrac{1}{m}\cos\zeta$.

Der Winkel also (nach (7) die Richtung verstanden) dessen $\sin = \dfrac{1}{m}\cos$, oder dessen Tangente $= \dfrac{1}{m}$ macht entweder den Nenner in (7) zu einem Größten oder Kleinsten. Daß weder das Größte unendlich groß, noch das Kleinste unendlich klein werden könne, erhellet schon aus (7). Der Winkel, dessen Tangente $= \dfrac{1}{m}$ wachse von 0 an, so wird zu Anfange $\dfrac{1}{m}\cos$ größer als sin. seyn; geht dieses Wachsen weiter, so wird u anders und anders werden; zu Anfange aber, mit dem wachsenden Winkel auch wachsen; folglich ist u ein Größtes, wenn $\dfrac{1}{m}\cos\zeta = \sin\zeta$.

Deutlicher noch erhellen diese Schlüsse aus Folgendem: Der Winkel ζ heiße in dem Falle, wo seine Tangente $= \dfrac{1}{m}$ ist, so ist $\sin x^2 : \cos x^2 = 1 : m^2$, woher $\cos x = \dfrac{m}{\sqrt{(1+m^2)}}$

und $\sin x = \dfrac{1}{\sqrt{(1+m^2)}}$, folglich $u = \cos x + \dfrac{1}{m}\sin x =$

$$\frac{\sqrt{(m^2+1)}}{m}$$ gewiß größer als 1, obschon kleiner als $\sqrt{2}$, wenn nicht m $=$ 1 wird, welches aber niemal seyn kann.

9) Daß m veränderlich sei, nachdem nämlich die reibenden Flächen sind, ist in dem vorhergehenden hinlänglich gezeigt worden. Es sei z.B. m $=$ 6 so ist $\sqrt{(37)}:6 = 1,013$.. und der Winkel, dessen Tangente $= \frac{1}{6}$ ist, findet man $=$ 9°; 27'; er ist zwar veränderlich, weil er sich nach m bestimmt, aber wenn m einmal für die Fläche gegeben ist, so ist auch der Winkel ein bestimmter. Hieraus nun erhellet, daß die vortheilhafteste Richtung der Kraft oberhalb der CB falle. In dem eben angeführten Beispiele fiele diese Richtung um 9 Grade 27 Min. oberhalb; wäre m größer als 6, so würde der Winkel kleiner als der eben genannte seyn, größer aber, wenn m kleiner als 6 ist.

Die Untersuchung bis hieher sezt nur das Gleichgewicht mit Kraft und Last zum voraus; und um Bewegung hervorzubringen, muß die Kraft K um etwas vermehrt werden. Diese Vermehrung wird in der eben angeführten vortheilhaften, so wie in der parallelen Richtung, keine vermehrte Friktion geben. Es heiße diese Vermehrung N, so ist N $+$ K die bewegende Kraft; die Geschwindigkeit der Bewegung hängt von ihr ab, und kann nach der Formel in VI gefunden werden.

Wenn in der Formel ($\odot$) $\delta = 0$ gesezt wird, so ist K $=$

$$\frac{\frac{1}{m}Q}{\cos\zeta - \frac{1}{m}\sin\zeta}$$ und dieses ist die Kraft, die mit der Last auf der horizontalen Ebene im Gleichgewichte ist; auch hier wird nach eben den Regeln das kleinste K gefunden, wenn m bekannt ist, und die Tangente $= \frac{1}{m}$ für den Direktionswinkel der Kraft gesucht wird. Die Bewegung wird wieder durch K $+$ N erhalten.

Auf eben die Art läßt sich nun auch die Untersuchung von Richtung der Kraft an einem Rade anstellen, wenn die Richtung, nach welcher die Last zieht, angegeben ist.

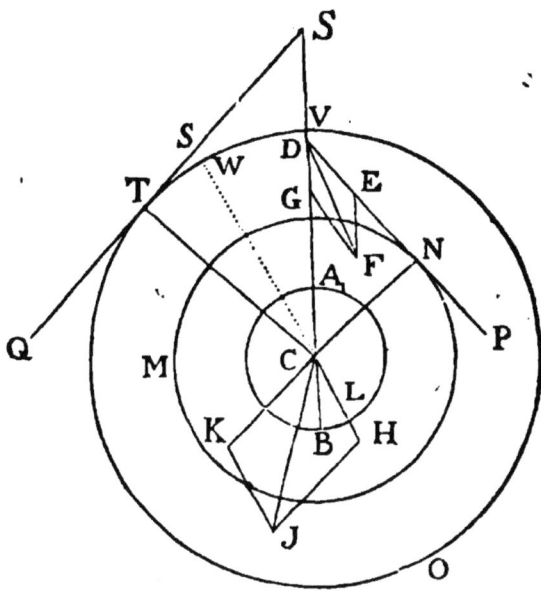

1) Es sei T W V O der Umkreis eines Rades, dessen Welle
M N M, an welcher die Last = P nach der Richtung D P zieht;
die Vertikallinie, nach welchem die Schwere des Rades
drükt, sei S C B; und mit ihr macht die Richtung der Last den
Winkel C D P = *, den ich als bekannt annehme.

2) Das Gewicht des Rades sey = M; aus seinem vertikalen,
und dem Drucke des P wird offenbar ein zusammengesetzter
Druck entstehen. Die Gewichte von M und P sollen sich
verhalten, wie die Linien D G und D E; daher wird die Diagonale D F, des aus beiden Linien gefertigten Parallelo-
gramms D E F G diesen zusammengesetzten Druck vorstellen;
diese Diagonale wird aber durch Rechnung so gefunden: Es
ist der Winkel D G F = 180° — *; daher sin D G F = sin * und
cos D G F = — cos * und daher D F =

$$\sqrt{(G F^2 + D G^2 - 2. G F. D G. \cos D G F)} =$$
$$\sqrt{(M^2 + P^2 - 2. P. M. \cos *)} = D,$$ und weil D F : G F =

sin D G F : sin F D G, so wird hieraus sin F D G =

$$\frac{P. \sin \alpha}{\sqrt{(P^2 + M^2 + 2. P. M. \cos \alpha)}}, \quad \text{Man heiße den Winkel}$$

$FDG = \beta$.

3) Würde die Maschine nicht unterstüzt, so würde sie so nach der Richtung von DF fallen; allein weil der Zapfen an der Welle ABL von einer hohlen Unterlage gewöhnlich gehalten wird, so wird der Druck des sonst fallenden Rades auf den Punkt L gehen, weil CH und DF parallel sind; und es ist der Winkel BCL $= \beta$.

4) Eine gewisse Kraft $= Q$, die so groß seyn muß, daß sie die Last P, und die von dem Drucke DF herrührende Friktion im Gleichgewichte halte, ziehe an einer Tangente des Rades QT, welche mit der Vertikallinie SA den Winkel TSC $= \gamma$ bildet.

5) Der Halbmesser des Rades CT heiße $= R$; der Halbmesser der Welle CN $= \varrho$ des Zapfens CB $= r$.

6) LC verlängt treffe die Richtung der Kraft in S; weiter sei KC parallel QT, so ist der Winkel KCB $= \gamma$; und $\beta + \gamma =$ $\delta = KCH = TsC$. Hier giebt es wieder eine Stüße, wie in (3) und Wirkung und Gegenwirkung lassen sich im Punkte C nach den Richtungen CK und CH annehmen. Der Druck, den die Kraft Q auf die Achse macht, wird ein gewisses Verhältnis zu D (2) haben, welches bekannt ist, insoferne man die Größe von Q kennt. Es sey $Q : D = CK : CH$. und aus beiden Drucken entsteht (wie in (2)) ein zusammengesezter, der sich wie CI verhält; es ist aber $CI =$
$$\sqrt{(Q^2 + D^2 + 2. Q. D. \cos \delta)}$$

7) Die Friktion des Druckes CI aber ist $=$
$$\frac{1}{m} . \sqrt{(Q^2 + D^2 + 2. Q. D \cos \delta)}$$ daher erfolgt das Gleichgewicht, wenn das statische Moment der Kraft so groß ist, als jenes der Last und jenes der Friktion zusammen; oder es ist
$$Q. R = r. \frac{1}{m} . \sqrt{(Q^2 + D^2 + 2 Q. D. \cos \delta)} + P. \varrho. \text{ Aus der}$$

Rechnung erhält man $Q = \dfrac{D. r.^2 \cos \delta + R. P. \varrho. m^2}{R^2. m^2 - r^2}$

$$\pm \sqrt{(m . P.^2 \varrho^2 + R.^2 D^2) + 2 m^2 D. P. R. \varrho. \cos \delta - D^2 r.^2 \sin \delta^2)} \over R.^2 m^2 - r^2$$

8) Daß die Größe unter dem Wurzelzeichen positiv sei, erhellet schon daraus, daß R größer als r ist. Aber die Natur der Sache fodert, daß Q selbst eine positive Größe sei, damit sich die Maschine nach der Richtung A B L erhalte, oder daß Q nach der Richtung S T Q abwärts, d. i. nach S T ziehe. Man wird also die Wurzelgröße positiv, oder negativ nehmen können, wenn in beiden Fällen ein positives Q herauskäme. Nur negativ kann die Wurzelgröße genommen werden, wenn sie kleiner als der Zähler des ersten Theiles der Gleichung ist. Aber daß das nicht sei, findet sich durch Rechnung so: Man bringe die Gleichung auf's Quabrat, und bann zeigt sich, daß (D. r. cos δ + R. P. ϱ. m²)² wirklich kleiner sei, als das Quadrat der Größe unter dem Wurzelzeichen.

9) Um zu finden, bei welcher Richtung Q ein Kleinstes werde, differentiire man die Gleichung für Q; es ist aber das Differentiale von ihr, oder $\dfrac{dQ}{d\delta} = \dfrac{-D. r.^2 \sin \delta}{R.^2 m^2 - r^2} +$

$$\frac{r. (-m.^2 D. R. P. \varrho. \sin \delta - D.^2 r^2 \sin \delta \cos \delta)}{R.^2 m^2 - r^2 \sqrt{(m.^3 (P.^2 \varrho^2 + R.^2 D^2) + 2 m^2 DRP \varrho \cos \delta - D^2 r.^2 \sin \delta)}}$$

und diese Größe wird $= 0$, wennn sin $\delta = 0$ ist; es giebt zwar noch einen Fall, bei welchem sie auch $= 0$ ist; aber dabei müßte ein gewisses anderes Verhalten der Größen statt haben, welches man aus den bisher bekannten Umständen nicht entdecken kann.

10) Es sei also $\delta = 0$, oder $= 180°$; in beiden Fällen nämlich wird sin $\delta = 0$; aber auch dadurch Q entweder ein Größtes, oder Kleinstes. Bei $\delta = 0$ würde die Kraft nach C H, aber bei $\delta = 180°$ würde sie nach C s ziehen; im ersten Falle würde also Q das Rad nicht nur nicht drehen, sondern es gerade stärker auf die Unterlage drücken, und daher hier wohl eine unendlich große Kraft seyn müßte, um die Maschine zu dre-

hen; im zweiten Falle würde aller Druck auf die Achse aufhö=
ren, weil die Krafe hier gerade dem Drucke, den das Ganze
auf den Zapfen machte, entgegenzöge. Dieses alles wäre
so, wenn die Kraft an den gedachten Linien, welche ihren
festen Punkt in C haben, angebracht wäre. Allein da die
Kraft an dem Kranze V T O des Rades angebracht ist; so
wird nun auch leicht der Sinn der Formel entdekt werden
können.

11) Was auch immer δ für eine Größe habe, so ist doch offen=
bar, daß die Stelle, an welcher die Kraft mit dem größten
Vortheile wirke, 90° rechter Hand der C W, d. i. von W
nach V zu, die Stelle aber, wo die Kraft mit dem größten
Nachtheile wirkt, ist 90° linker Hand, d. i. von W nach T
zu. Diese Stellen geben sich nämlich, wenn man mit W C L
parallele Linien an den Kranz des Rades legt, wobei man be=
denken muß, daß allemal die Kraft nach einerlei Richtung
das Rad zu drehen bemüht seyn müsse.

12) Stellen, die näher an W sind, als die gedachte vortheil=
hafteste, sind immer weniger vortheilhaft, bis, wenn die
Stelle selbst in W genommen würde, dieser Vortheil = 0
wäre; von da gegen T wird der Vortheil negativ; d. i. er
verwandelt sich in Nachtheil. Dieser Nachtheil wächst immer,
wie diese Stelle linker Hand der C W genommen wird, bis
zum Größten, wo er wieder abnimmt, bis die Stelle 180°
von C W ist; wo wieder der Nachtheil = 0 wird; folglich
sind die Stellen im Halbkreise rechter Hand die Vortheiligen,
die im linken die Nachtheiligen; in beiden aber giebt es ein
Größtes bei 90° Grade Abstand von W.

13) Wollte man, nach dem Verfahren einiger Authoren die
Kraft sowohl, als die Last in zwei Theile, in einen horizon=
talen nämlich, und in einen vertikalen Druck auf den Zapfen
des Rades zerlegen, so liegt hierinn der Fehler, daß dabei
angenommen wird, der horizontale Druck gebe keine Friktion,
welches doch wegen dem hohlen Zapfenlager offenbar falsch
ist. Aber diese Voraussetzung hat auch noch die Unschiklich=

keit, daß aus ihr die Stellen in (11 u. 12) nicht können an=
gegeben werden; da ihre Lage, in jedem andern Falle (den
ausgenommen, wo beide Richtungen zu Anfange vertikal
sind) nicht mit der Vertikallinie parallel am Kranze des Ra=
des angenommen werden kann.

14) So verhält es sich nun auch bei den Rädern des Fuhrwe=
sens, wobei gewöhnlich Kraft und Last unter einem Win=
kel $= 90°$, der so was, wie oben λ ist, ziehen; aber hieraus
entsteht ein neuer Druck, der nach (2 oder 6) zu berechnen ist.
Soll aber nebst der zu überwindenden Friktion (denn auf einer
Horizontalebene hat die Kraft am Wagen oder Karrn nichts
anders zu thun, als die Friktion zu überwinden) auch noch
die Last des Wagens auf einer schiefen Ebene steigen, so kann
die Formel in (7) gebraucht werden, wenn man da durch P. ϱ
das respektive Gewicht des Wagens ausdrückt.

Aus diesen Beispielen erhellet gewiß, wie wenig es gleich=
giltig sei, was für eine Gestalt die Theile einer Maschine ha=
ben, ob sie in dieser, oder einer andern Richtung in einander
greifen u. s. w. Mit einem Worte, daß oft erst das Wenigste
gethan sei, wenn man aus den Theilen einer Maschine, auch
mit beständiger Rüksicht auf den Widerstand des Reibens nach
statischen Regeln das Verhältnis der Kraft zur Last bestimmt
habe.

Anhang.

**Von der Straffheit der Seile, als einem neuen Widerstande
der sich bei ihrem Gebrauche an Maschinen, wo sie sich beu=
gen müssen, einfindet.**

1) Meine Absicht ist zwar hier nur Regeln anzugeben, wie
man den Widerstand der Seilestraffheit mit Sicherheit berech=
nen könne; aber es wird gewiß dem Leser, der nicht gewohnt
ist, dergleichen Vorschriften auf guten Glauben anzunehmen,
mit einer kurzen Nachricht gedient seyn, wie man die Größe

dieſes Widerſtandes durch Verſuche gefunden habe. Meines
Wiſſens war Amonton der erſte, der durch Verſuche hierinn
Licht zu verbreiten ſuchte. Er ſpannte zwei Seile gleich ſtark
durch ein Gewicht in eine vertikale Richtung; ihr paralleler
Abſtand betrug etwa 6 Zolle. Beiläufig in der Mitte umwand
er beide um einen Cylinder von bekanntem Durchmeſſer ſo ,
daß dieſe Umwindung einen Schraubengang bildete. Am
Cylinder in der Mitte zwiſchen beiden Seilen war ein dünner
Bindfaden in entgegengeſezter Richtung der Seilumwindung
mehrmal umwunden, deſſen eines frei hängendes Ende eine
Schale trug, in die er Gewichte legte, bis ſich der Cylinder
zu drehen, und ſo abwärts in der obigen Umwindung, zu
wälzen, anfieng.

Dieſe Vorrichtung gefiel dem Hrn. de Coulomb nicht
ganz, weil ſie nur brauchbare Reſultate für kleine Rollen
und dünne Seile gab; er wählte eine andere, die einfacher
iſt, und doch den Zweck, und vermuhlich noch beſſer erreichte.
Sie iſt kurz dieſe: Er ließ Cylinder, deren Geſtalt auf das
genaueſte zirkelmäßig war, über zwei genau horizontal und ſehr
feſtgeſtellte parallele Unterlagen ſo hinwälzen, daß ein, um den
Cylinder einmal gewickeltes Seil zwiſchen der parallelen Entfer-
nung der beiden Unterlagen herabhieng, und deſſen Auf-und Ab-
wicklung um den Cylinder, von dieſen Unterlagen nicht gehindert
ward. Um die Cylinder wand er zuerſt Bindfäden, die er an beiden herabhängenden Enden mit Gewichten beſchwerte, um den
Widerſtand, der von dieſer wälzenden Bewegung herrührt,
zu erforſchen. (In dem Zuſatze nach §. XV. habe ich ſchon
bemerkt, daß dieſe Bewegung einen Widerſtand gebe, der,
wenn er zwar nicht eigentlich Friktionswiderſtand heißen kann,
doch in ſeiner Wirkung nach eben den Regeln wie jener kann
geſchäzt werden.) Die Straffheit dieſer Bindfäden kann
man füglich für nichts achten. Nachdem nun dieſer Wälzewi-
derſtand beobachtet war, wurden um eben die Cylinder Seile
gerickelt, welche Umwickelung die Form eines Schrauben-
ganges hatte, und an beide Ende dieſer Seile gleiche Gewichte

gehängt. Durch ein zugehängtes Gewicht an einer Seite, dessen Größe bis zur erfolgten Bewegung nach und nach genommen ward, wurde nun der Widerstand, der von der Wälzung und der Straffheit der Seile zusammen entstand, beobachtet, jener von dem ganzen Widerstande abgezogen, ließ diesen übrig.

2) Die Umänderung der Versuche bestand darinn, daß Cylinder bald von größern, bald von kleinern Durchmessern, auch eben so die Seile von verschiedenen Durchmessern, dann ferner die zu beiden Seiten des Seiles angehängte Lasten (die Spannung des Seiles) von verschiedenem Gewichte genommen wurden. Begreiflich lassen sich, nachdem man mehrere oder wenigere dieser Dinge im Versuche geändert hat, die Versuche sehr mannigfaltig abändern, aber auch dieses war nöthig, um das Gesetze endlich entdecken zu können. Auch stellte Coulomb Versuche nach Amontonischer Vorrichtung, jedoch mit großen Seilen und großen Lasten an, wobei er zugleich ein Versehen des Amonton entdekte. Es hatte nämlich Amonton, und eben so nach ihm Desaguliers den Ort der Unterlage des angebrachten Cylinders nicht richtig angenommen, und folglich das statische Moment, welches das, die Bewegung hervorbringende Gewicht hat, um die Hälfte zu klein, und daher den Widerstand um die Hälfte zu klein angenommen. Allein die so verbesserten Versuche nach Amontonischer, und die nach des Verfassers Vorrichtung geben in der Beobachtung und der hierauf gegründeten Berechnung eine so genaue Uebereinstimmung, als man sie nur immer erwarten kann.

3) Um das Gesetz zu entdecken, wurden die Versuche, bei denen a) die Spannung und Cylinder einerlei, aber die Seile von verschiedenen Durchmessern waren, unter sich verglichen, eben so b) wurden verglichen die Versuche, bei welchen Seile und Rolle einerlei, aber die Lasten verschieden waren; und c, die, wo wieder die andern beiden Dinge einerlei, nur die Rollen von verschiedenen Durchmessern waren. Amonton und

D 5

Desaguliers glaubten, daß sich der Widerstand der Straff=
heit verhalte I) gerade wie die Spannung der Seile; II) ge=
rade, wie die Durchmesser dieser Seile, und III) verkehrt, wie
die Durchmesser der Rollen; allein unser Verfasser fand durch
Rechnung und richtig hergeleitete Schlüsse, daß (II) nicht so
sei, sondern daß statt der einfachen Durchmesser der Seile, Po=
tenzen von ihnen, und zwar bei ganz neuen, wie die 1, 8te Po=
tenz und so herunter, bis bei solchen, die durch den Gebrauch
sehr beugsam geworden sind, auch die 1, 5te, selten die 1, 4te
Potenz in die Rechnung könne angenommen werden.

4) Aber auch bei diesem verbesserten IIten Verhältnisse kann
doch das Ite, wie es oben genannt ist, noch nicht so gerade
gebraucht werden. Die Straffheit eines gegebenen Seiles
hängt von der Natur seiner Drehung, und seiner Dicke ab,
und man kann nicht annehmen, daß, wenn es auch schon
durch Spannung zum Beugen ungeschikter gemacht werde;
doch diese Spannung in eben dem Verhältnisse die natürliche
Straffheit ändere, wie sich die Spannung ändert. Daher
muß die Sache so genommen werden: Die Straffheit des
Seiles besteht aus zwei Theilen, wovon der eine sich wie
die Dicke, und die Drehung des Seiles der andere, wie dessen
Spannung verhält. Der erste Theil ist bei einem gegebenen
Seile und Rolle unveränderlich; der andere verhält sich wie
die Spannung.

5) Man heiße daher den Diameter eines Seiles d, den der
Rolle $= D$; ferner sei durch Versuche bekannt, wie groß der
beständige Theil Widerstandes bei dieser gebrauchten Rolle
und Seile sei; er heiße s; so ist klar, daß wenn δ, Δ, ϵ ähn=
liche Dinge, bei andern Rollen und Seile heißen, diese Pro=
portion $\dfrac{d^n}{D} : \dfrac{\delta^n}{\Delta} = s : \epsilon$ statt habe. Hier bedeutet nämlich
n die Potenz des Seiles Durchmesser; und kann auch bei
δ gar anders seyn als bei d, wie das in (3) gesagt wurde.

6) Die Spannung für die Rolle und Seil zu denen D, d gehören,
heiße P; die andere Spannung, zu δ, Δ gehörig $= \pi$. Im

erſten Falle heiße der für die Spannung P gehörige veränder-
liche Theil t, im andern τ, und man will das Verhältniß
zwiſchen t und τ ſuchen. Man ſchließe ſo: Wären Seile
und Rollen einerlei, ſo verhalten ſich die Widerſtände,
wie die Spannungen. Aber wenn die Spannungen einerlei ſind, ſo verhalten ſich die Widerſtände wie die obigen

$$\frac{d^n}{D} \, ; \, \frac{\delta^n}{\Delta} . ; \quad \text{daher ſei zuerſt} \quad d = \delta; \quad D = \Delta; \quad \text{ſo iſt}$$

$P : \pi = t : x$, aber nun D, d; nicht mit Δ, δ einerlei ge-

$$\frac{d^n}{D} : \frac{\delta^n}{\Delta} = x : \tau \quad \text{nommen, giebt die zweite Portion, folglich}$$

$$\frac{P.d^n}{D} : \frac{\pi \, \delta^n}{\Delta} = t : \tau; \quad \text{auch hier muß t durch die Erfahrung}$$

bekannt ſeyn.

7) Um zu zeigen, wie s und t aus der Erfahrung bekannt wurden, will ich unter vielen Verſuchen den herausnehmen, den
auch Hr. Coulomb als Muſter zu gebrauchen lehrt. Der
Cylinder hatte im Durchmeſſer 4 Zoll = 4. 12 = 48 Linien,
des Seiles Durchmeſſer war = 9 Linien, die Laſt war 1025 lb.
nur wurden nach Amontoniſcher Art zwei Seile gebraucht.
50 lb. in der Schale drehten den Cylinder. Aber wenn die
Laſt war = 25 lb.; ſo mußten 5 lb. Kraft da ſeyn, die Bewegung hervorzubringen. Daß das letzte Verhältniß ſehr
vom erſten verſchieden ſei, ſieht man ſogleich. Nun nehme
man für 1025 = 1000 + 25 lb. auch 45 + 5 lb. Kraft, ſo
daß der letzte Theil des Gewichtes und Kraft zuſammen gehören, ſo bleiben für 1000 lb. Spannung 45 lb., oder auf
100 ℔. Spannung kommen 4, 5 ℔. Kraft, daher kämen
auf 25 ℔. Spannung 1, 12 ℔. Kraft; folglich iſt klar, daß
hier s beinahe 14 ℔.; eigentlich 3, 88 ſei. Man nehme es
= 4 ℔.; aber weil es für die zwei gebrauchten Seile gehört, ſo kann auf eines dieſer Seile 2 lb. beſtändig Straffheit angenommen werden. Daß aber die 100 lb. Spannung auch auf zwei Seile vertheilt ſei, ändert die Sache
nicht; daher können bei dem obigen Verſuche die Dinge ſo

genommen werden: $P = 100$; $d = 9$; $D = 48$; $n = 1, 7$;
$t = 4, 5$. Und wenn δ, Δ, Π und auch etwa ein anderes n
zur Berechnung gegeben sind, so läßt sich τ finden.

8) Noch ist zu sagen, wie die obige Potenz n gefunden wurde.
Es wurde ein Cylinder, dessen Durchmesser 4 Zolle war, bei
der Amontoischen Vorrichtung gebraucht; aber drei Seile von
verschiedener Dicke. Des ersten Umfang war 12, 5 Linien,
des zweiten 20, des dritten 28 Linien, in allen drei Versuchen
blieb der nämliche Cylinder, und einerlei Spannung $= 625$ lb.
Nun gieng die Bewegung an, und zwar
Beim ersten Seile, wenn das Gewicht in der Schale war $= 7, 2$ ℔.
Beim zweiten Seile — — — $= 16, 7$ -
Beim dritten Seile — — — $= 31, 0$ -
Daher müßten nun, wenn das Verhältnis (II. in nr. 3.)
richtig wäre, auch diese Proportionen seyn; $31 : 7, 2 = 28 : 12, 5$;
aber man sieht leicht, daß dieses nicht ist; daher setze man
$31, 7, 2 = 28^n : 12, 5^n$, wo n gesucht wird. Hier ist nun
$31 \times 12, 5^n = 7, 2 \times 28^n$, oder $\dfrac{31}{7,2} = \dfrac{28^n}{12,5^n}$ und die Logarithmen gebraucht giebt $\log \left(\frac{310}{72}\right) = n$, $\log \left(\frac{280}{127}\right)$; und
$n = \dfrac{\log \left(\frac{310}{72}\right)}{\log \left(\frac{280}{127}\right)} = 1, 8$; eben so in der zweiten und dritten
Proportion gerechnet giebt in der zweiten $n = 1, 8$, in der
dritten $n = 1, 7$.

9) Um die Proportionen in (5 und 6) zu einer Rechnungsregel
brauchbarer zu machen, will ich sie in folgenden Formeln
geben. Es ist aber, um die Proportion in (5) hierzu einzu-
richten $d = 9$, $D = 48$; $s = 2$; daher $\tau = \dfrac{D \cdot \delta^n \cdot s}{\Delta \cdot d^n} = \dfrac{s, D}{d^n} \cdot \dfrac{\delta^n}{\Delta}$

$= \dfrac{2 \cdot 48}{9^{1/7}} \dfrac{\delta^n}{\Delta}$; man wird wohl die Logarithmen hier brauchen

wollen, und so ist $\log \left(\dfrac{2 \cdot 48}{9^{1/7}}\right) = \log 96 - 1, 7. \log 9 = 0,$

3600590, welches einen beständigen Logarithmen giebt; folglich
ist $\log \tau = 0,3600590 + \log \left(\dfrac{\delta^n}{\Delta}\right)$

In (6) ist $\tau = \frac{n.\delta n}{\Delta} \cdot \frac{t.D}{P.d^n}$; und in Logarithmen ist die

Rechnung so: $\log \tau = \log \left(\frac{n.\delta n}{\Delta} \right) + \log \left(\frac{t.D}{P.d^n} \right)$ der

letzte Logarithme ist $= \log (t.D) - (n. \log d + \log P)$
$= \log (4,5.48) - (1,7 \log 9 + \log 100) = 0,7122416 - 2$;

daher $\log \tau = \log \left(\frac{n.\delta n}{\Delta} \right) + 0,7122416 - 2$. Da nun

bei einer vorkommenden Rechnung δ; Δ; n bekannt sind,
so lassen sich die obigen Formeln leicht brauchen. Also ist
$r + \tau$ der ganze Widerstand der von der Straffheit herrührt.
10) Ich will den Gebrauch der Formeln durch ein Exempel
erläutern. Es ist wohl begreiflich, daß, weil δ, Δ mit d, D
ähnliche Dinge seyn sollen, erstere auch in Linien, und n in
Pfunden müsse gegeben werden.

Es sei $\delta = 10,8$; $\Delta = 72$; $n = 1000$; $n = 1,7$; so ist nach
(9) $\log r = 1,7 \log 10, 8 - \log 72 + 0, 3600590$
$= 0,2595469$; und $r = 1,8$. Ferner ist $\log \tau = \log n$
$+ \log \frac{\delta n}{\Delta} + 0,7122416 - 2 = 1,6117295$; daher $\tau = 40,9$

und $r + \tau = 42,7$. Die hier im Exempel gebrauchten Dinge
sind aus dem ersten Versuch §. 113. des Hrn. Coulomb ge=
nommen; der Versuch gab den Widerstand $= 42$ ℔.

11) Es ist schon erinnert worden, daß n auch nach Erfoderniß,
wenn das Seil etwa durch den Gebrauch geschmeidig sei,
kleiner als 1,7; etwa 1,6, doch niemal kleiner als 1,5 könne
genommen werden.

12) Versuche mit nassen Seilen gaben zu erkennen, daß sich
der Widerstand der Straffheit eher vermehre, als vermin=
dere.

13) Die Beobachtungen, die bei verschiedenen Geschwindigkei=
ten gemacht wurden, zeigten klar genug, daß die Geschwin=
digkeit keinen vermehrten Widerstand der Straffheit gebe;
denn es erfolgte, wenn die bewegende Kraft, nachdem sie
stark genug war, die Bewegung anfangend zu machen, nur
um ein Geringes noch vermehrt wurde, allemal beschleunigte

Bewegung. Auch gaben die Rechnungen, die ihre Data aus dieser beschleunigten Bewegung hernahmen, immer den nämlichen Widerstand, wie er war, da die Bewegung anfieng. Man muß, um bei dieser Erscheinung ein gehöriges Urtheil fällen zu können, annehmen, daß auf der Seite, wo das Seil auf die Rolle kömmt, eigentlich nur der Widerstand entstehe; auf der entgegengesezten Seite aber, wo es die Rolle verläßt, läßt sich kein Widerstand annehmen; weil das Gewicht oder die Kraft, welche auf dieser andern Seite ziehen, darinn keinen Widerstand findet, daß etwa dieses Seil krumm ist; so wie das Pferd, welches an einer krummen Zugstange angespannt ist, mit eben der Leichtigkeit den Wagen zieht, als wenn die Stange gerade wäre. Allein, wenn auch das Geradebeugen des Seiles auf dieser andern Seite ja eine Kraft fodere, so muß sie doch auch deswegen sehr geringe seyn, weil die Elastizität des Seiles streben wird, die gebogene Gestalt desselben in die gerade wieder herzustellen.

Wenn aber die Bewegung sehr schnell ist, so läßt sich annehmen, daß das Seil auf der Seite, wo es auf die Rolle geht, aus Mangel der Zeit (denn man begreift gar wohl, daß es, um die Beugung zu Stande zu bringen, einige Zeit brauche) die völlige Beugung nicht annehme, und daher es so krumm nicht werde, als es bei hinlänglicher Zeit werden könnte, indem es sich im lezten Falle nach einer Tangente, von dem Schwerpunkte der Last bis zur Rolle anlegen würde. Dieses dünkt mich, erkläre, woher es komme, daß vermehrte Geschwindigkeit keinen vermehrten Widerstand gebe.

14) Wenn ein Seil sich bei einer Maschine mehrmal beugen muß, wie dieses bei Flaschenzügen der Fall ist, und die Rollen liegen nahe, so haben die Versuche gelehrt, daß sich dann der Widerstand merklich vermindere, und das kömmt wohl daher, daß, wenn das Seil einmal gebogen war, nun die Theile des Seiles eine zum fernern Beugen geschiktere Lage schon erhalten haben.

15.) Noch will ich ein Exempel beifügen, wie die Kraft an ei=
nem Flaschenzuge müſſe berechnet werden, die ſowohl der
Laſt, als den Widerſtänden des Reibens und der Straffheit
das Gleichgewicht hält.

Es heißen an einer Flaſche die untern Rollen A, B, C. . .
an der Zahl n; die obern Rollen heißen a, b, c. . . auch an
der Zahl n; ich nehme, um die Rechnung nicht zu ſehr mit
Verſchiedenheiten zu überladen, an, die Rollen haben einer=
lei Durchmeſſer, jeder = R und einerlei Gewicht. Ich nehme
ferner an, das eine Ende des Seiles ſei an einem Nagel feſt,
und gehe zuerſt um die untere Rolle A; das Stück Seil, wie
es von der untern Rolle A nach der obern a geht, heiße *α*;
das Stück von a nach B gehend *β* u. ſ. w. Die zu hebende
Laſt ſei = P

16.) Aus der Statik iſt bekannt, daß jede untere Rolle, in die=
ſem Exempel $\frac{1}{n}$. P trage. Das Gewicht der untern Rolle ſei
auch in P enthalten.

17.) Eine Kraft am Seile *α* muß daher 1) $\frac{1}{n}$ P; 2) die Friktion
an der Achſe, welche aus dem erſten Theile dieſer Abhand=
lung bekannt iſt, im Gleichgewicht halten. Es ſei aber $\frac{1}{m}$
der Laſt, die abſolute Friktion, ſo iſt $\frac{1}{m} \cdot \frac{1}{n}$. P. $\frac{1}{R}$ die rela=
tive, welche die Kraft an *α* zu überwinden hat; 3) die Straff=
heit des Seiles, wie es auf A geht, wird nach (9) berechnet;
und heiße = s; folglich wird die Kraft an dem Seile *α* im
Gleichgewichte mit allem ſeyn, wenn ſie iſt $= \frac{1}{n}$ P $+ \frac{P}{n.m.R} +$ s

$$= P \left(\frac{1}{n} + \frac{1}{m.n.R} \right) + s.$$ Dieſer Druck wird nun auf die
Rolle a gemacht, weil das ſo geſpannte Seil *α* über die ge=
dachte Rolle geht.

18.) Greift nun die Kraft das Seil am Stücke *β*; ſo hat ſie
offenbar noch das alles, wie in (17) zu halten; allein bei
der Rolle a entſteht Friktion und Seilſtraffheit; der lezte
Widerſtand läßt ſich wieder berechnen, weil ſein beſtändiger
Theil, wie bei A bleibt, und für den veränderlichen gehört

die Spannung in (17); diese Straffheit heiße t. Die Friktion

$$\text{wird seyn} = \frac{1}{\kappa.m}\left(P\left(\frac{1}{n}+\frac{1}{n.m.R}\right)+s\right)$$

19) Folglich ist die zum Gleichgewichte nöthige Kraft, die an s angreift

$$= P\left(\frac{1}{n}+\frac{1}{n.m.R}\right)+s+\frac{1}{m.R}\cdot\left(P\left(\frac{1}{n}+\frac{1}{n.m.R}\right)+s\right)$$
$$+t.$$

20) Die Formel in (19) ließ sich abkürzen; es würde, aber, wenn doch in der Ausübung Zahlen statt der Buchstaben gebraucht werden, wenig Vortheil bringen; ich lasse sie daher in ihrer Weitschlichtigkeit, damit sie so verständlicher sei.

21) Wird so das Seil um die Rolle B geführt, und man will die Kraft finden, die an γ angebracht, das Gleichgewicht hält, so heiße alles, was die Kraft s nach (19) zu halten hätte $= M$, und, weil hier noch $\frac{1}{n}P$ darzu kömmt, so ist diese Kraft

$$\text{in } \gamma = M+\frac{1}{n}P+\frac{1}{m.R}\cdot\left(M+\frac{11}{n}P\right)+v, \text{ weil hier } v \text{ die}$$

Straffheit bedeutet, wovon bei B der eine Theil von der Spannung M, berechnet wird, und zu diesem der unveränderliche Theil, der eben so ist, wie bei A, noch hinzukömmt.

22) Man sehe das, was die Kraft an γ halten mußte, als Druck an, der auf die Rolle b kömmt, um bei b eben so die Friktion wie in (18) bei a zu berechnen, auch wird das alles in (21) als Spannung angesehen, um die Straffheit zu finden.

23) Ich will die in (22) berechnete Friktion $= f$, und die dortige Straffheit $= w$ heißen; so ist die zum Gleichgewichte erfoderliche Kraft am Seilstücke $\delta = M+\frac{1}{n}P+\frac{1}{m.R}\left(M+\frac{1}{n}P\right)$
$+v+f+w.$

Dieses wird hinlänglich seyn, den Gang der Rechnung bei jeder Zahl Rollen einzusehen. Sind die Rollen von ungleichen Durchmessern, so bleibt die Rechnungsformel doch die nämliche.